KB108486

일석이조

수 한자

사자성어

플러스

일석이조 수(秀) 한자 사자성어 플러스

발행일   2024년 1월 12일

지은이   최동석
펴낸이   손형국
펴낸곳   (주)북랩
편집인   선일영   편집   김은수, 배진용, 김부경, 김다빈
디자인   이현수, 김민하, 임진형, 안유경   제작   박기성, 구성우, 이창영, 배상진
마케팅   김회란, 박진관
출판등록   2004. 12. 1(제2012-000051호)
주소   서울특별시 금천구 가산디지털 1로 168, 우림라이온스밸리 B동 B113~114호, C동 B101호
홈페이지   www.book.co.kr
전화번호   (02)2026-5777   팩스   (02)3159-9637

ISBN   979-11-93716-28-1 03710 (종이책)   979-11-93716-29-8 05710 (전자책)

(주)북랩 성공출판의 파트너

북랩 홈페이지와 패밀리 사이트에서 다양한 출판 솔루션을 만나 보세요!

홈페이지 book.co.kr   •   **블로그** blog.naver.com/essaybook   •   **출판문의** book@book.co.kr

---

작가 연락처 문의 ▸ ask.book.co.kr

작가 연락처는 개인정보이므로 북랩에서 알려드릴 수 없습니다.

저절로 한자 익히는 사자성어 60일 마스터

일석이조
수 한자
사자성어
플러스

최동석 지음

북랩

머리글

필자는 학창 시절에 행성과 항성을 잘 구분하지 못했다. 그런데 만일 당시 행성(行星), 항성(恒星)과 같이 한자로 표기되었다면 쉽게 구분했을 것 같다. 즉, 행(行)은 '가다'의 의미이니 지구, 화성과 같이 움직이는 별을 말하는 것이고, 항(恒)은 '항상'의 의미이니 태양과 같이 움직이지 않는 별을 나타내는 것이다.

국어의 어휘 중에 70퍼센트 이상이 한자어고, 한자를 안다면 보다 쉽게 그 어휘의 뜻을 알 수 있다. 한자는 더 이상 중국어가 아닌 국어의 일부라고 할 수 있다. 그런데, 현재 학교 교과과정에는 한자가 빠져 있다. 한문(漢文)은 제2외국어와 같이 전공자들만 익혀도 되지만, 한자는 국어를 쓰는 사람이라면 반드시 알아야 하며, 국어과목 중의 일부로서 가르쳐야 한다고 주장한다. 실제로 공무원 국어 시험에는 한자가 비중 있게 다뤄지고 있다. 한자를 가르치지 않는 교육정책으로 수많은 '한자문맹'을 만들어내는 현실이 안타깝다.

본서는 사자성어와 한자를 동시에 익히게끔 구성이 되어 있다. 사자성어의 한자를 익힌 후 사자성어의 의미를 학습하게 하는, 즉 사자성어 따로, 한자 따로 익혀야 하는 시중의 한자책과는 이 점에서 차별성이 있다.

열과 성을 다해서 집필했지만, 어느 책이건 완벽한 책은 없다고 생각한다. 아무튼 이 책의 장점을 최대한 살려 학습함으로써 독자들이 소기의 목적을 이루시기 바란다.

2024년 1월

저자 근암(根巖) 최동석

기초 한자

한자	훈·음	부수	획수	한자	훈·음	부수	획수
一	한 일	一	1	二	두 이	二	2
三	석 삼	一	3	四	넉 사	口	5
五	다섯 오	二	4	六	여섯 륙	八	4
七	일곱 칠	一	2	八	여덟 팔	八	2
九	아홉 구	乙	2	十	열 십	十	2
萬	일만 만	艹	13	王	임금 왕	王	4
先	먼저 선	儿	6	兄	맏 형	儿	5
生	날 생	生	5	白	흰 백	白	5
西	서녘 서	西	6	軍	군사 군	軍	9
金	쇠 금	金	8	長	길 장	長	8
門	문 문	門	8	靑	푸를 청	靑	8
韓	한나라 한	韋	17	中	가운데 중	丨	4
北	북녘 북	匕	5	南	남녘 남	十	9
國	나라 국	口	11	土	흙 토	土	3
外	바깥 외	夕	5	大	클 대	大	3
女	여자 여	女	3	學	배울 학	子	16
室	집 실	宀	9	寸	마디 촌	寸	3
小	작을 소	小	3	山	뫼 산	山	3
年	해 년	干	6	弟	아우 제	弓	7
敎	가르칠 교	攵	11	日	날 일	日	4
月	달 월	月	4	校	학교 교	木	10
東	동녘 동	木	8	木	나무 목	木	4
母	어미 모	母	5	人	사람 인	人	2
民	백성 민	氏	5	水	물 수	水	4
火	불 화	火	4	父	아비 부	父	4

[참고] 之 어조사 지: 우리말의 조사와 유사한 글자로, 주로 '~의', '~하는'으로 해석된다.

차 례

DAY 01

牽強附會 견강부회
隔靴搔癢 격화소양
指鹿爲馬 지록위마
切齒腐心 절치부심
螳螂拒轍 당랑거철

牽 强 附 會
견 강 부 회

한자	훈·음	부수	획수
牽	끌 **견**	牛	11
	예 牽引(견인): 끌어당김 牽制(견제): 지나치게 세력을 펴지 못하게 상대의 행동을 억누름		
强	강할 **강**	弓	12
	예 强力(강력): 힘이나 성능이 셈 强要(강요): 강제로 시키거나 요구함		
附	붙을 **부**	阜	8
	예 附屬(부속): 주되는 일이나 물건에 붙음 添附(첨부): 더 보태거나 덧붙임		
會	모일 **회**	日	13
	예 會談(회담): 모여서 의논함 再會(재회): 다시 만남		

강하게 이끌어 모임에 붙임
▷ 이치에 맞지 않는 일을 억지로 붙여 자기에게 유리하게 함

隔靴搔癢
격 화 소 양

한자	훈·음	부수	획수
隔	사이뜰 **격**	阝	13
	예 隔離(격리): 사이를 막거나 떼어 놓음 間隔(간격): 떨어진 거리		
靴	신 **화**	革	13
	예 洋靴(양화): 구두 製靴(제화): 구두를 만듦		
搔	긁을 **소**	扌	13
	예 搔癢(소양): 가려운 데를 긁음 搔擾(소요): 요란하게 떠듦		
癢	가려울 **양**	疒	20

신을 신고 발바닥을 긁음
▷ 성에 차지 않거나 철저하지 못함

指鹿爲馬
지 록 위 마

한자	훈·음	부수	획수
指	가리킬 **지**	扌	9
	예 指示(지시): 가리켜 보임 指定(지정): 가리켜 정함		
鹿	사슴 **록**	鹿	11
	예 鹿角(녹각): 사슴뿔 鹿茸(녹용): 사슴의 새로 돋은 뿔		
爲	할 **위**	爪	12
	예 作爲(작위): 마음먹고 벌인 짓이나 행동 行爲(행위): 행하는 일		
馬	말 **마**	馬	10
	예 騎馬(기마): 말을 탐 駿馬(준마): 잘 달리는 좋은 말		

사슴을 가리켜서 말이라고 함
▷ 윗사람을 농락하여 권세를 마음대로 함

切齒腐心
절 치 부 심

한자	훈·음	부수	획수
切	끊을 **절**	刀	4
	예 切斷(절단): 베거나 잘라 끊음 切迫(절박): 시간적으로 몹시 급박함		
齒	이 **치**	齒	15
	예 齒牙(치아): 이와 어금니 齒痛(치통): 이가 아픈 증세		
腐	썩을 **부**	肉	14
	예 腐敗(부패): 썩어서 못 쓰게 됨 防腐(방부): 썩지 못하게 막음		
心	마음 **심**	心	4
	예 心身(심신): 마음과 몸 心臟(심장): 염통		

어금니가 끊어지고 마음이 썩음
▷ 매우 분하여 이를 갈면서 속을 썩임

螳螂拒轍
당 랑 거 철

한자	훈·음	부수	획수
螳	사마귀 **당**	虫	17
	예 螳螂(당랑): 사마귀		
螂	사마귀 **랑**	虫	16
拒	막을 **거**	扌	8
	예 拒否(거부): 승낙하지 않고 물리침 拒絕(거절): 응낙하지 않고 물리침		
轍	바퀴자국 **철**	車	19
	예 前轍(전철): 앞서 지나간 수레바퀴 자국, '앞사람의 실패'를 이름		

사마귀가 바퀴를 막음
▷ 자신의 힘은 헤아리지 않고 강한 상대에게 덤빔

DAY 02

捲土重來 권토중래
臥薪嘗膽 와신상담
肝膽相照 간담상조
得隴望蜀 득롱망촉
溫故知新 온고지신

16

捲土重來
권 토 중 래

한자	훈·음	부수	획수
捲	거둘 **권**	扌	11
	예 牽引(견인): 끌어당김 牽制(견제): 지나치게 세력을 펴지 못하게 상대의 행동을 억누름		
土	흙 **토**	土	3
	예 土器(토기): 질흙으로 빚어서 구워 만든 그릇 國土(국토): 나라의 땅		
重	무거울 **중**	里	9
	예 重壓(중압): 무거운 압력 重量(중량): 무게		
來	올 **래**	人	8
	예 來訪(내방): 찾아옴 將來(장래): 장차 올 앞날		

땅을 말아 일으킬 것 같은 기세로 다시 옴
▷ 한번 실패하였으나 힘을 회복하여 다시 시도함

臥薪嘗膽
와 신 상 담

한자	훈·음	부수	획수
臥	누울 **와**	臣	8
	예 臥病(와병): 병으로 누워 있음 臥像(와상): 누워 있는 모습으로 만든 상		
薪	섶풀 **신**	艹	17
	예 薪木(신목): 섶나무 薪米(신미): 땔나무와 쌀		
嘗	맛볼 **상**	口	14
	예 嘗味(상미): 맛을 봄 嘗試(상시): 시험하여 봄		
膽	쓸개 **담**	月	17
	예 膽力(담력): 겁이 없고 용감한 기운 大膽(대담): 담력이 큼		

불편한 섶에 몸을 눕히고 쓸개를 맛봄
▷ 원수를 갚거나 마음먹은 일을 달성하기 위하여 온갖 괴로움을 참고 견딤

肝膽相照
간 담 상 조

한자	훈·음	부수	획수
肝	간 **간**	月	7
	예 肝膽(간담): ① 간과 쓸개 ② 속마음 肝腸(간장): ① 간장과 창자 ② 마음		
膽	쓸개 **담**	月	17
	예 膽力(담력): 겁이 없고 용감한 기운 大膽(대담): 담력이 큼		
相	서로 **상**	目	9
	예 相談(상담): 서로 의논함 相逢(상봉): 서로 만남		
照	비출 **조**	灬	13
	예 照明(조명): 비추어 밝힘 對照(대조): 마주 대어 비교해 봄		

간과 쓸개를 서로에게 내보임
▷ 서로 속마음을 터놓고 가까이 사귐

得隴望蜀
득 롱 망 촉

한자	훈·음	부수	획수
得	얻을 **득**	彳	11
	예 **得失**(득실): 이익과 손해 **獲得**(획득): 얻어 냄		
隴	나라이름 **롱**	阝	19
	예 **隴畝**(농무): ① 밭 ② 시골 **隴上**(농상): ① 언덕 위 ② 밭두둑		
望	바랄 **망**	月	11
	예 **望鄕**(망향): 고향을 그리워함 **所望**(소망): 바라는 바		
蜀	나라이름 **촉**	虫	13
	예 **蜀客**(촉객): '해당화'의 다른 이름 **蜀魂**(촉혼): 촉나라의 넋, '소쩍새'를 이름		

농나라를 얻고서 촉나라까지 취하고자 함
▷ 만족할 줄 모르고 계속해서 욕심을 부림

溫故知新
온 고 지 신

한자	훈·음	부수	획수
溫	따뜻할 **온**	氵	13
	예 **溫暖**(온난): 날씨가 따뜻함 **溫柔**(온유): 온화하고 유순함		
故	옛 **고**	攵	9
	예 **故人**(고인): 죽은 사람 **故事**(고사): 옛날부터 전해 오는 내력 있는 일		
知	알 **지**	矢	8
	예 **知覺**(지각): 앎, 깨달음 **知識**(지식): 사물에 대한 의식과 판		
新	새 **신**	斤	13
	예 **新年**(신년): 새해 **最新**(최신): 가장 새로움		

옛것을 익히고 그것을 미루어서 새것을 앎
▷ 옛것을 연구하여 새로운 지식이나 도리를 앎

DAY 03

守株待兎 수주대토
易地思之 역지사지
吳越同舟 오월동주
愚公移山 우공이산
泣斬馬謖 읍참마속

守株待兎
수 주 대 토

한자	훈·음	부수	획수
守	지킬 **수**	宀	6
	예 守備(수비): 지키어 방비함 守護(수호): 지키어 보호함		
株	그루 **주**	木	10
	예 株價(주가): 주식(株式)의 값 株式(주식): 주식회사의 자본을 이루는 단위		
待	기다릴 **대**	彳	9
	예 待機(대기): 준비를 갖추고 행동할 때를 기다림 期待(기대): 희망을 가지고 기다림		
兎	토끼 **토**	儿	7
	예 兎影(토영): 달그림자 狡兎(교토): 교활한 토끼, 또는 토끼의 별칭		

그루터기를 지키며 토끼를 기다림
▷ 하나의 일에만 매여 발전을 하지 못함

易地思之
역 지 사 지

한자	훈·음	부수	획수
易	바꿀 **역**	日	8
	예 交易(교역): 서루 물건을 사고 팖 貿易(무역): 외국과 물건을 팔고 사는 상행위		
地	땅 **지**	土	6
	예 地面(지면): 땅의 표면 地名(지명): 땅의 이름		
思	생각할 **사**	心	9
	예 思考(사고): 생각하고 궁리함 思慕(사모): 그리워함		
之	어조사 **지**		

처지를 바꾸어 생각함
▷ 서로의 형편을 바꾸어서 생각하여 봄

吳越同舟
오 월 동 주

한자	훈·음	부수	획수
吳	나라이름 **오**	口	7
越	나라이름 **월**	走	12
同	한가지 **동**	口	6
	예 同感(동감): 의견이나 견해에 있어 같이 생각함 同情(동정): 남의 불행이나 슬픔 따위를 자기 일처럼 생각함		
舟	배 **주**	舟	6
	예 片舟(편주): 작은 배 虛舟(허주): 빈 배		

오나라와 월나라의 사람이 같은 배에 타고 있음
▷ 서로 적의를 품은 사람들이 한자리에 모여 있음을 일컫는 말

愚公移山
우 공 이 산

한자	훈·음	부수	획수
愚	어리석을 **우**	心	13
	에 愚鈍(우둔): 어리석고 무딤 愚昧(우매): 어리석고 몽매함		
公	공평할 **공**	八	4
	에 公益(공익): 사회 공공의 이익 公正(공정): 공평하고 올바름		
移	옮길 **이**	禾	11
	에 移徙(이사): 집을 옮김 移轉(이전): 장소나 주소를 옮김		
山	뫼 **산**	山	3
	에 山脈(산맥): 많은 산들이 길게 이어진 산지 山林(산림): 산과 숲		

어리석은 노인이 산을 옮김
▷ 어떤 일이든 계속 노력하면 반드시 이루어짐

泣斬馬謖
읍 참 마 속

한자	훈·음	부수	획수
泣	울 **읍**	氵	8
	에 泣訴(읍소): 눈물을 흘리면서 간절히 하소연함 感泣(감읍): 감격하여 욺		
斬	벨 **참**	斤	11
	에 斬首(참수): 목을 베어 죽임 斬新(참신): 매우 새로움		
馬	말 **마**	馬	10
	에 馬術(마술): 말을 타고 부리는 재주 騎馬(기마): 말을 탐		
謖	일어날 **속**	言	17

울며 '마속'의 목을 벰
▷ 큰 목적을 이루기 위하여 자신이 아끼는 사람을 버림

DAY 04

左顧右眄 좌고우면
刻舟求劍 각주구검
狐假虎威 호가호위
渴而穿井 갈이천정
見蚊拔劍 견문발검

左顧右眄
좌 고 우 면

한자	훈·음	부수	획수
左	왼 **좌**	工	5
	예 左腕(좌완): 왼팔 左遷(좌천): 왼쪽으로 옮김, '직위가 아래로 떨어짐'의 뜻		
顧	돌아볼 **고**	頁	21
	예 顧客(고객): 상점이나 식당 등에 찾아오는 손님 回顧(회고): 지나간 일을 돌이켜 생각함		
右	오른쪽 **우**	口	5
	예 右腕(우완): 오른팔 右側(우측): 오른쪽		
眄	곁눈질할 **면**	目	9

이쪽저쪽을 돌아봄
▷ 결단을 못 내리고 이리저리 따져 보고 망설임

刻舟求劍
각 주 구 검

한자	훈·음	부수	획수
刻	새길 **각**	刂	8
	예 刻苦(각고): 몹시 애씀 刻印(각인): 도장을 새김		
舟	배 **주**	舟	6
	예 方舟(방주): 네모난 배 片舟(편주): 조각배		
求	구할 **구**	水	7
	예 求乞(구걸): 남에게 돈이나 물건 따위를 빌려서 얻음 求人(구인): 사람을 구함		
劍	칼 **검**	刂	15
	예 劍客(검객): 검술을 잘하는 사람 劍術(검술): 칼을 쓰는 수법		

강물에 떨어뜨린 칼의 자리를 뱃전에 표시해 두고 나중에 찾으려 함
▷ 현실에 맞지 않는 생각을 고집하는 어리석음

狐假虎威
호 가 호 위

한자	훈·음	부수	획수
狐	여우 **호**	犭	8
	예 狐狸(호리): 여우와 살쾡이, '숨어 나쁜 짓을 하는 사람'의 비유		
假	거짓 **가**	亻	11
	예 假飾(가식): 거짓으로 꾸밈 假定(가정): 임시로 정함		
虎	범 **호**	虍	8
	예 虎口(호구): 범의 입, '매우 위험한 지경'의 비유 猛虎(맹호): 몹시 사나운 범		
威	위엄 **위**	女	9
	예 威壓(위압): 위력으로 억누름 威容(위용): 위엄 있는 모습		

여우가 호랑이의 위세를 빌려 호기를 부림
▷ 남의 권세를 빌려 위세를 부림

渴而穿井
갈 이 천 정

한자	훈·음	부수	획수
渴	목마를 **갈**	氵	12
	예 渴求(갈구): 목마른 사람이 물을 찾듯이 애타게 구함 渴症(갈증): 목이 몰라 물이 먹고 싶은 느낌		
而	말이을 **이**		
穿	뚫을 **천**	穴	9
	예 穿孔(천공): 구멍을 뚫음 穿鑿(천착): 구멍을 뚫음, 학문을 깊이 파고들어 연구함		
井	우물 **정**	二	4
	예 市井(시정): 인가가 많이 모인 곳 油井(유정): 석유를 뽑아 올리기 위하여 판 우물		

목이 말라야 우물을 팜
▷ 본인이 급해야 서둘러 일을 하게 됨

見蚊拔劍
견 문 발 검

한자	훈·음	부수	획수
見	볼 **견**	見	7
	예 見解(견해): 자기 의견으로 본 해석 見聞(견문): 보고 들음		
蚊	모기 **문**	虫	10
	예 蚊虻(문맹): 모기와 등에, '소인' 또는 '쓸모없는 것'의 비유		
拔	뺄 **발**	扌	8
	예 拔群(발군): 여럿 가운데서 특히 빼어남 選拔(선발): 여럿 중에서 가려 뽑음		
劍	칼 **검**	刂	15
	예 劍客(검객): 검술을 잘하는 사람 劍舞(검무): 칼춤		

모기를 보고 칼을 빼어 듦
▷ 매우 사소한 일에 크게 성내어 덤빔

DAY 05

管鮑之交 관포지교
敎外別傳 교외별전
騎虎之勢 기호지세
男負女戴 남부여대
望雲之情 망운지정

管鮑之交
관 포 지 교

한자	훈·음	부수	획수
管	대롱 **관**	竹	14
	예 管見(관견): 대롱 구멍을 통하여 봄, '좁은 견식'을 이름 血管(혈관): 혈액이 흐르는 관		
鮑	절인물고기 **포**	魚	16
	예 鮑魚(포어): 소금에 절인 생선		
之	어조사 **지**		
交	사귈 **교**	亠	6
	예 交際(교제): 서로 사귐 交換(교환): 서로 바꿈		

관중과 포숙아의 사귐
▷ 극진한 우정을 이름

敎外別傳
교 외 별 전

한자	훈·음	부수	획수
敎	가르칠 **교**	攵	11
	예 敎理(교리): 종교상의 이치나 원리 敎育(교육): 가르쳐 기름, 지식을 넓혀주며 품성늘 길러 숨를 이름		
外	바깥 **외**	夕	5
	예 外家(외가): 어머니의 친정 外交(외교): 외국과의 교제		
別	나눌 **별**	刂	7
	예 別個(별개): 다른 것 區別(구별): 종류에 따라 나눠 놓음		
傳	전할 **전**	亻	13
	예 傳達(전달): 전하여 이르게 함 傳承(전승): 대대로 전하여 내려옴		

가르침 바깥에 있는 특별한 전함
▷ 부처의 가르침을 말이나 글에 의하지 않고 마음에서 마음으로 전함

騎虎之勢
기 호 지 세

한자	훈·음	부수	획수
騎	말탈 **기**	馬	18
	예 騎馬(기마): 말을 탐 騎兵(기병): 말을 타고 싸우는 병사		
虎	범 **호**	虍	8
	예 虎狼(호랑): 호랑이와 이리, '욕심 많고 잔인한 사람'의 비유 虎穴(호혈): 범이 사는 굴, '매우 위험한 곳'의 비유		
之	어조사 **지**		
勢	기세 **세**	力	13
	예 氣勢(기세): 기운차게 내뻗는 형세 形勢(형세): 일의 형편이나 상태		

호랑이를 타고 달리는 형세
▷ 이미 시작한 일을 중도에서 그만둘 수 없는 경우

男負女戴
남 부 여 대

한자	훈·음	부수	획수
男	사내 **남**	田	7
	예 男女(남녀): 남자와 여자 男妹(남매): 오누이		
負	질 **부**	貝	9
	예 負擔(부담): 의무나 책임을 짐 負債(부채): 빚		
女	여자 **여**	女	3
	예 淑女(숙녀): '다 자란 여자'의 미칭 女權(여권): 여성의 권리		
戴	일 **대**	戈	18
	예 戴冠(대관): 관을 씀 推戴(추대): 윗사람으로 떠받듦		

남자는 지고 여자는 임
▷ 가난한 사람들이 살 곳을 찾아 이리저리 떠돌아다님

望雲之情
망 운 지 정

한자	훈·음	부수	획수
望	바랄 **망**	月	11
	예 所望(소망): 바라는 바 怨望(원망): 남을 못마땅하게 여기고 탓함		
雲	구름 **운**	雨	12
	예 雲霧(운무): 구름과 안개 浮雲(부운): 뜬구름, '덧없는 인생이나 세상'의 비유		
之	어조사 **지**		
情	뜻 **정**	忄	11
	예 情報(정보): 사물의 내용이나 형편에 관한 소식과 자료 多情(다정): 매우 정다움		

구름을 바라보며 느끼는 그리움
▷ 자식이 타지에서 고향에 계신 어버이를 생각하는 마음

DAY 06

刎頸之交 문경지교

百難之中 백난지중

不偏不黨 불편부당

識字憂患 식자우환

暗中摸索 암중모색

28

刎頸之交
문 경 지 교

한자	훈·음	부수	획수
刎	목벨 **문**	刂	6
頸	목 **경**	頁	16
	예 頸骨(경골): 목뼈 頸椎(경추): 목등뼈		
之	어조사 **지**		
交	사귈 **교**	亠	6
	예 交代(교대): 서로 번갈아 듦 交涉(교섭): 일을 이루기 위하여 상대편과 절충함		

서로를 위해 목이 베어져도 후회 않는 사귐

▷ 생사를 같이할 수 있는 깊은 사귐 또는 그런 친구

百難之中
백 난 지 중

한자	훈·음	부수	획수
百	일백 **백**	白	6
	예 百穀(백곡): 온갖 곡식 百姓(백성): 일반 국민		
難	어려울 **난**	隹	19
	예 難局(난국): 어려운 상황이나 국면 難解(난해): 이해하기 어려움		
之	어조사 **지**		
中	가운데 **중**	ㅣ	4
	예 中間(중간): 두 사물이나 현상의 사이 中斷(중단): 중도에서 끊거나 끊어짐		

여러 가지의 어려움 가운데
▷ 온갖 어려움과 괴로움을 겪는 가운데

不偏不黨
불 편 부 당

한자	훈·음	부수	획수
不	아니 **부/불**		
偏	치우칠 **편**	亻	11
	예 偏見(편견): 공평하지 못하고 한쪽으로 치우친 의견 偏愛(편애): 한쪽으로 치우쳐 편벽되게 사랑함		
不	아니 **부/불**		
黨	무리 **당**	黑	20
	예 黨論(당론): 정당의 의견이나 의논 黨爭(당쟁): 당파를 이루어 서로 싸움		

어느 편으로도 치우치지 않음
▷ 어느 쪽으로도 치우침이 없이 아주 공정함

識字憂患
식 자 우 환

한자	훈·음	부수	획수
識	알 **식**	言	19
	예 識見(식견): 사물을 식별하고 관찰하는 능력 學識(학식): 학문과 식견		
字	글자 **자**	子	6
	예 字源(자원): 글자의 기원 活字(활자): 활판 인쇄에 쓰이는 일정 규격의 글자		
憂	근심할 **우**	心	15
	예 憂慮(우려): 근심하고 걱정함 憂患(우환): 집안에 병자가 있어 겪는 근심		
患	근심 **환**	心	11
	예 患難(환난): 근심과 재난 患者(환자): 병을 앓는 사람		

글자를 아는 것이 근심이 됨
▷ 학식이 있는 것이 도리어 근심이 됨

暗中摸索
암 중 모 색

한자	훈·음	부수	획수
暗	어두울 **암**	日	13
	예 暗鬱(암울): 어둡고 침울함 暗示(암시): 넌지시 깨우쳐 줌		
中	가운데 **중**	丨	4
	예 中堅(중견): 어떤 단체나 사회에서 중심적 역할을 하는 사람 中略(중략): 말이나 글의 중간 부분을 줄임		
摸	찾을 **모**	扌	14
	예 摸倣(모방): 본뜸 摸索(모색): 더듬어 찾음		
索	찾을 **색**	糸	10
	예 思索(사색): 사물의 이치를 따져 깊이 생각함 探索(탐색): 샅샅이 더듬어 찾아냄		

물건 등을 어둠 속에서 더듬어 찾음
▷ 은밀한 가운데 일의 실마리나 해결책을 찾아내려 함

DAY 07

一擧兩得 일거양득
自强不息 자강불식
走馬看山 주마간산
表裏不同 표리부동
和而不同 화이부동

一擧兩得
일 거 양 득

한자	훈·음	부수	획수
一	한 일	一	1
	예 一家(일가): 한집안 一刻(일각): 매우 짧은 동안		
擧	들 거	手	18
	예 擧國(거국): 온 나라 擧手(거수): 손을 위로 듦		
兩	두 양	入	8
	예 兩立(양립): 둘이 함께 맞섬, 두 가지 사실이 동시에 성립됨 兩親(양친): 부모		
得	얻을 득	彳	11
	예 得勢(득세): 세력을 얻음 拾得(습득): 주움		

한 번에 둘을 얻음
▷ 한 가지 일을 하여 두 가지 이익을 거둠

自强不息
자 강 불 식

한자	훈·음	부수	획수
自	스스로 **자**	自	6
	예 自覺(자각): 스스로 깨달음 自肅(자숙): 스스로 삼감		
强	강할 **강**	弓	12
	예 强硬(강경): 힘이나 성능이 셈 富强(부강): 부유하고 강력함		
不	아니 **부/불**		
息	쉴 **식**	心	10
	예 休息(휴식): 하던 일을 멈추고 쉼 安息(안식): 편안하게 쉼		

스스로 힘써 쉬지 않음
▷ 스스로 힘써 쉬지 않고 몸과 마음을 가다듬음

走馬看山
주 마 간 산

한자	훈·음	부수	획수
走	달릴 **주**	走	7
	예 走力(주력): 달리는 힘 疾走(질주): 빠르게 달림		
馬	말 **마**	馬	10
	예 馬術(마술): 말을 타고 부리는 재주 駿馬(준마): 잘 달리는 좋은 말		
看	볼 **간**	目	9
	예 看過(간과): 따지지 않고 그대로 보아 넘김 看破(간파): 꿰뚫어 보아 속을 확실히 알아냄		
山	뫼 **산**	山	3
	예 山麓(산록): 산기슭 山野(산야): 산과 들		

말을 타고 달리며 산천을 구경함
▷ 꼼꼼하게 살펴보지 않고 대충 보고 지나감

表裏不同
표 리 부 동

한자	훈·음	부수	획수
表	겉 **표**	衣	8
	例 表面(표면): 바깥 면 表明(표명): 드러내어 명백히 함		
裏	속 **리**	衣	13
	例 裏面(이면): 속, 안, 겉으로 드러나지 않은 속사정 腦裏(뇌리): 머릿속		
不	아니 **부/불**		
同	한가지 **동**	口	6
	例 同感(동감): 의견이나 견해에 있어 같이 생각함 同封(동봉): 같이 넣어 봉함		

겉과 속이 동일하지 않음
▷ 겉으로 드러나는 언행과 속으로 가지는 생각이 다름

和而不同
화 이 부 동

한자	훈·음	부수	획수
和	화할 **화**	口	8
	例 和答(화답): 맞받아 답함 和睦(화목): 서로 뜻이 맞고 정다움		
而	말이을 **이**		
不	아니 **부/불**		
同	한가지 **동**	口	6
	例 同胞(동포): 한 겨레, 같은 민족 混同(혼동): 뒤섞음		

서로 조화를 이루지만 같지는 않음
▷ 남과 사이좋게 지내지만 무턱대고 하나가 되지는 않음

DAY 08

苛斂誅求 가렴주구

刻骨難忘 각골난망

間於齊楚 간어제초

改過不吝 개과불린

乾坤一擲 건곤일척

苛斂誅求
가 렴 주 구

한자	훈·음	부수	획수
苛	매울 **가**	艹	9
	예 苛細(가세): 성질이 까다롭고 하는 짓이 잚 苛酷(가혹): 매우 모질고 독함		
斂	거둘 **렴**	攵	17
	예 收斂(수렴): 생각이나 주장 등을 한군데로 모음 出斂(출렴/추렴): 여러 사람이 돈이나 물품을 나누어 냄		
誅	벨 **주**	言	13
	예 誅戮(주륙): 죄인을 죽임 誅責(주책): 준엄하게 꾸짖음		
求	구할 **구**	水	7
	예 求乞(구걸): 남에게 돈이나 물건 따위를 빌어서 얻음 求職(구직): 직업을 구함		

가혹하게 거두고 억지로 빼앗음

▷ 가혹하게 세금이나 금품을 빼앗아 백성을 못살게 굶

刻骨難忘
각 골 난 망

한자	훈·음	부수	획수
刻	새길 **각**	刂	8
	예 刻苦(각고): 몹시 애씀 刻印(각인): 도장을 새김		
骨	뼈 **골**	骨	10
	예 骨格(골격): 몸을 지탱하는 뼈의 조직 骨子(골자): ① 뼈 ② 사물의 핵심		
難	어려울 **난**	隹	19
	예 難色(난색): 어려워하는 낯빛 難解(난해): 이해하기 어려움		
忘	잊을 **망**	心	7
	예 忘却(망각): 잊어버림 健忘症(건망증): 기억력의 부족으로 잘 잊어버리는 병증		

뼈에 새길 만큼 잊히지 않는 은혜
▷ 다른 사람에게 입은 은혜가 뼈에 새길 만큼 커서 잊히지 않음

間於齊楚
간 어 제 초

한자	훈·음	부수	획수
間	사이 **간**	門	12
	예 間隔(간격): 물건과 물건이 떨어져 있는 사이 間紙(간지): 책장과 책장 사이에 끼워 두는 종이		
於	어조사 **어**		
齊	가지런할 **제**	齊	14
	예 齊家(제가): 집안을 잘 다스려 바로잡음 齊唱(제창): 여러 사람이 일제히 소리를 내어 부름		
楚	초나라 **초**	木	13
	예 楚撻(초달): 회초리로 때림 苦楚(고초): 견디기 어려운 괴로움		

제나라와 초나라 사이
▷ 강자들 틈에 약자가 끼어서 괴로움을 겪음

改過不吝
개 과 불 린

한자	훈·음	부수	획수
改	고칠 **개**	攵	7
	예 改善(개선): 잘못을 고쳐 좋게 함 改定(개정): 고치어 다시 정함		
過	지날 **과**	辶	13
	예 過去(과거): 지나간 때 過勞(과로): 지나치게 일하여 지침		
不	아니 **부/불**		
吝	아낄 **린**	口	7
	예 吝嗇(인색): 재물을 아낌 吝惜(인석): 재물을 몹시 아낌		

지난 일을 고침에 아끼지 않음
▷ 허물을 고치는 데 인색하지 않음

乾坤一擲
건 곤 일 척

한자	훈·음	부수	획수
乾	하늘 **건**	乙	11
	예 乾燥(건조): 말라서 습기가 없음 乾卦(건괘): 팔괘의 하나로 하늘·임금·아버지 등을 상징함		
坤	땅 **곤**	土	8
	예 坤卦(곤괘): 팔괘의 하나로 땅·여자·신하 등을 상징함 乾坤(건곤): 하늘과 땅		
一	한 **일**	一	1
擲	던질 **척**	扌	18
	예 擲殺(척살): 메어쳐서 죽임 投擲(투척): 내던짐		

하늘과 땅에 운명을 맡기고 한번 던짐
▷ 운명을 걸고 단판에 승부를 겨룸

見利思義 견리사의
結草報恩 결초보은
傾蓋如舊 경개여구
孤掌難鳴 고장난명
矯枉過直 교왕과직

見利思義
견 리 사 의

한자	훈·음	부수	획수
見	볼 **견**	見	7
	圃 見聞(견문): 보고 들음 見解(견해): 자기 의견으로 본 해석		
利	이로울 **리**	リ	7
	圃 利權(이권): 이익을 얻게 되는 권리 利用(이용): 물건을 이롭게 씀		
思	생각 **사**	心	9
	圃 思考(사고): 생각하고 궁리함 思慕(사모): 그리워함		
義	옳을 **의**	羊	13
	圃 義理(의리): 사람으로서 지켜야 할 올바른 도리 義士(의사): 나라를 위해 의로운 행동으로 목숨을 바친 사람		

이익을 보면 옳음을 생각함
▷ 눈앞의 이익을 보면 의로움을 먼저 생각함

結草報恩
결 초 보 은

한자	훈·음	부수	획수
結	맺을 **결**	糸	12
	예 結論(결론): 끝맺는 말이나 글 結束(결속): 맺어 묶음		
草	풀 **초**	艹	10
	예 草家(초가): 볏짚이나 밀짚 등으로 지붕을 인 집 草野(초야): 궁벽한 시골		
報	갚을 **보**	土	12
	예 報答(보답): 남의 회의나 은혜 따위를 갚음 報復(보복): 원수를 갚음		
恩	은혜 **은**	心	10
	예 報恩(보은): 은혜를 갚음 恩師(은사): 은혜를 베풀어 준 스승		

풀을 맺음으로써 은혜를 갚음
▷ 죽은 뒤에라도 은혜를 잊지 않고 갚음

傾蓋如舊
경 개 여 구

한자	훈·음	부수	획수
傾	기울일 **경**	亻	13
	예 傾斜(경사): 비스듬히 기울어짐 傾向(경향): 사상이나 행동이 일정한 방향으로 기울어지는 일		
蓋	덮을 **개**	艹	14
	예 蓋然(개연): 확실하지 못하나 그럴 것으로 추측됨 覆蓋(복개): 뚜껑을 덮음		
如	같을 **여**	女	6
	예 缺如(결여): 응당 있어야 할 것이 부족하거나 없음 或如(혹여): 만일, 혹시		
舊	옛 **구**	臼	18
	예 舊習(구습): 옛 풍습이나 관습 舊面(구면): 전부터 알고 있는 사람		

양산을 기울이며 잠시 이야기하는 것이 옛 친구를 만난 듯함
▷ 처음 만나 짧은 시간 동안 사귄 것이 마치 오랜 친구 사이처럼 친함

孤掌難鳴
고 장 난 명

한자	훈·음	부수	획수
孤	외로울 **고**	子	8
	예 孤立(고립): 외따로 떨어져 있음 孤島(고도): 외로운 섬		
掌	손바닥 **장**	手	12
	예 掌握(장악): 손에 쥠 管掌(관장): 일을 맡아서 주관함		
難	어려울 **난**	隹	19
	예 難關(난관): 지나가기 어려운 관문 難題(난제): 시문에서 짓기 어려운 제목, 처리하기 어려운 일을 일컬음		
鳴	울 **명**	鳥	14
	예 鳴禽(명금): 고운 소리로 우는 새 悲鳴(비명): 몹시 놀라거나 다급할 때에 지르는 외마디 소리		

외손뼉만으로는 소리가 나지 않음
▷ 혼자서는 일을 이루지 못함

矯枉過直
교 왕 과 직

한자	훈·음	부수	획수
矯	바로잡을 **교**	矢	17
	예 矯正(교정): 바로잡아 고침 矯僞(교위): 속임		
枉	굽을 **왕**	木	8
	예 枉臨(왕림): 귀한 몸을 굽혀 옴 枉法(왕법): 법을 굽혀 악용함		
過	지날 **과**	辶	13
	예 過去(과거): 지나간 때 過渡(과도): 어떤 단계에서 다른 단계로 옮겨가는 도중		
直	곧을 **직**	目	8
	예 直感(직감): 사물을 접촉하였을 때 순간적으로 판단하는 느낌 直視(직시): 똑바로 내쏘아 봄		

굽은 것을 바로잡으려다 정도에 지나치게 곧게 함
▷ 잘못된 것을 바로잡으려다가 지나쳐서 오히려 안 좋게 됨

DAY 10

口如懸河 구여현하
橘化爲枳 귤화위지
囊中之錐 낭중지추
單刀直入 단도직입
簞瓢陋巷 단표누항

40

口如懸河
구 여 현 하

한자	훈·음	부수	획수
口	입 **구**	口	3
	예 口頭(구두): 직접 입으로 하는 말 口傳(구전): 입으로 전함, 말로 전해 내려옴을 일컬음		
如	같을 **여**	女	6
	예 如反掌(여반장): 손바닥을 뒤집는 것과 같음, 일이 아주 쉬움 缺如(결여): 응당 있어야 할 것이 부족하거나 없음		
懸	매달 **현**	心	20
	예 懸賞(현상): 어떤 목적을 위하여 상을 걺 懸板(현판): 글이나 그림을 새겨 문 위에 다는 널조각		
河	물 **하**	氵	8
	예 河口(하구): 바다로 들어가는 강물의 어귀 運河(운하): 육지를 파서 만든 수로(水路)		

입이 빠르게 흐르는 물과 같음
▷ 말을 막힘없이 잘하는 모습

橘化爲枳
굴 화 위 지

한자	훈·음	부수	획수
橘	굴나무 **굴**	木	16
	예 柑橘(감귤): 귤과 밀감의 병칭		
化	될 **화**	匕	4
	예 敎化(교화): 가르쳐서 감화시킴 變化(변화): 사물의 모양·성질·상태 등이 달라짐		
爲	할 **위**	爪	12
	예 爲人(위인): 사람됨 爲政(위정): 정치를 함		
枳	탱자나무 **지**	木	9
	예 枳棘(지극): 탱자나무와 가시나무, '일에 방해가 되는 것'의 비유		

회남의 귤을 화북에 옮겨 심으면 탱자가 됨
▷ 환경에 따라 사람이나 사물의 성질이 바뀜

囊中之錐
낭 중 지 추

한자	훈·음	부수	획수
囊	주머니 **낭**	口	22
	예 背囊(배낭): 물건을 담아서 등에 질 수 있도록 만든 주머니 行囊(행낭): 무엇을 넣어서 가지고 다니는 주머니		
中	가운데 **중**	｜	4
	예 中間(중간): 두 사물이나 현상의 사이 中斷(중단): 중도에서 끊어짐		
之	어조사 **지**		
錐	송곳 **추**	金	16
	예 試錐(시추): 지질 조사나 탐사를 위해 땅속에 구멍을 뚫음		

주머니 속의 송곳
▷ 재능이 뛰어난 사람은 숨어 있어도 저절로 다른 사람들에게 알려지게 됨

單刀直入
단 도 직 입

한자	훈·음	부수	획수
單	홑 **단**	口	12
	예 單純(단순): 구조나 형식 등이 간단함 單任(단임): 일정 기간 동안 한 차례만 맡음		
刀	칼 **도**	刀	2
	예 短刀(단도): 짧은 칼 執刀(집도): 칼을 잡음, 수술 등을 위하여 메스를 잡음		
直	곧을 **직**	目	8
	예 直視(직시): 똑바로 내쏘아 봄 直通(직통): 막힘이 없이 곧장 통함		
入	들 **입**	入	2
	예 入隊(입대): 군대에 들어감 記入(기입): 적어 넣음		

홀로 칼을 들고 적진으로 쳐들어감
▷ 여러 말을 늘어놓지 않고 바로 요점이나 본론을 이야기함

簞瓢陋巷
단 표 누 항

한자	훈·음	부수	획수
簞	광주리 **단**	竹	18
瓢	바가지 **표**	瓜	16
陋	좁을 **누**	阝	9
	예 陋醜(누추): 더럽고 추함 固陋(고루): 소견이 좁고 완고함		
巷	거리 **항**	己	9
	예 巷間(항간): 일반 민중들 사이 巷說(항설): 거리의 풍문(風聞)		

누항에서 먹는 한 그릇의 밥과 한 바가지의 물
▷ 선비의 청빈한 생활

DAY 11

道聽塗說 도청도설
磨斧作針 마부작침
拔本塞源 발본색원
法古創新 법고창신
反哺之孝 반포지효

43

道 聽 塗 說
도 청 도 설

한자	훈·음	부수	획수
道	길 도	辶	13
	예 道德(도덕): 사람으로서 마땅히 지켜야 할 도리와 그에 준한 행동 道路(도로): 사람이나 차량이 다니는 길		
聽	들을 청	耳	22
	예 聽覺(청각): 소리를 듣는 감각 聽衆(청중): 강연 등을 들으려고 모인 사람들		
塗	진흙 도	土	13
	예 塗裝(도장): 도료를 칠하거나 발라 치장함 塗炭(도탄): 진흙탕에 빠지고 숯불에 타는 괴로움, '몹시 곤란하고 괴로운 지경'을 이름		
說	말씀 설	言	14
	예 說敎(설교): 종교의 교리를 설명함 說明(설명): 풀이하여 밝힘		

길에서 듣고 길에서 말함
▷ 길거리에 퍼져 돌아다니는 소문

磨斧作針
마 부 작 침

한자	훈·음	부수	획수
磨	갈 **마**	石	16
	예 磨耗(마모): 마찰되는 부분이 닳아서 작아지거나 없어짐 練磨(연마): 심신·지식·기술 따위를 갈고닦음		
斧	도끼 **부**	斤	8
	예 斧柯(부가): 도낏자루, '정권(政權)'의 비유 鬼斧(귀부): 귀신(鬼神)의 도끼, '신기한 연장' 또는 '뛰어난 세공(細工)'의 비유		
作	지을 **작**	亻	7
	예 作家(작가): 문학이나 예술 작품을 창작하는 일에 종사하는 사람 作名(작명): 이름을 지음		
針	바늘 **침**	金	10
	예 毒針(독침): 독을 바른 침 方針(방침): 방향을 가리키는 지남침(指南針), '무슨 일을 해 나가는 계획과 방향'		

도끼를 갈아서 바늘로 만듦
▷ 어려운 일도 끊임없이 노력하면 이룰 수 있음

拔本塞源
발 본 색 원

한자	훈·음	부수	획수
拔	뺄 **발**	扌	8
	예 拔群(발군): 여럿 가운데서 특히 빼어남 拔擢(발탁): 많은 사람 중에서 특별히 뽑아서 씀		
本	근본 **본**	木	5
	예 本能(본능): 타고난 성능 또는 능력 本業(본업): 주가 되는 직업		
塞	막힐 **색**, 변방 **새**	土	13
	예 要塞(요새): 국방상 중요한 지점에 구축한 방어 시설 梗塞(경색): 꽉 막힘		
源	근원 **원**	氵	15
	예 發源(발원): 강물의 흐름이 시작되는 곳 本源(본원): 사물의 근본		

나무의 뿌리를 뽑고 근원을 막아 버림
▷ 나쁜 일의 근본 원인을 완전히 없애서 다시는 그 일이 일어나지 않도록 함

法古創新
법 고 창 신

한자	훈·음	부수	획수
法	법 **법**	氵	8
	예 **法古**(법고): 옛것을 본받음 **法律**(법률): 국민이 지켜야 할 나라의 규율		
古	옛 **고**	口	5
	예 **古今**(고금): 옛날과 지금 **復古**(복고): 옛날 상태로 돌아감		
創	비롯할 **창**	刂	12
	예 **創立**(창립): 처음으로 세움 **創設**(창설): 처음으로 설립함		
新	새 **신**	斤	13
	예 **新年**(신년): 새해 **新設**(신설): 새로 설치함		

옛것을 토대로 새로운 것을 창조함
▷ 옛것을 본받아서 새로운 것을 만들어 냄

反哺之孝
반 포 지 효

한자	훈·음	부수	획수
反	돌이킬 **반**	又	4
	예 **反擊**(반격): 쳐들어오는 적을 되받아 공격함 **反目**(반목): 서로 맞서서 미워함		
哺	먹일 **포**	口	10
	예 **哺乳**(포유): 제 몸의 젖으로 새끼를 먹여 기름		
之	어조사 **지**		
孝	효도 **효**	子	7
	예 **孝道**(효도): 부모를 잘 섬기는 도리 **孝誠**(효성): 마음을 다하여 어버이를 섬기는 정성		

까마귀 새끼가 자라서 부모에게 먹이를 물어다 주는 효성
▷ 자식이 자라서 어버이의 은혜를 갚는 효성

DAY 12

芝蘭之化 지란지화
不立文字 불립문자
貧而無怨 빈이무원
事親以孝 사친이효
上下撑石 상하탱석

46

芝蘭之化
지 란 지 화

한자	훈·음	부수	획수
芝	지초 **지**	艹	8
	예 芝蘭(지란): 지초(芝草)와 난초(蘭草) 芝草(지초): 지칫과의 다년초		
蘭	난초 **란**	艹	21
	예 蘭交(난교): 뜻이 맞는 친밀한 사람들의 사귐 蘭草(난초): 난초과의 다년초		
之	어조사 **지**		
化	될 **화**	匕	4
	예 敎化(교화): 가르쳐서 감화시킴 變化(변화): 사물의 모양·성질·상태 등이 달라짐		

지초와 난초의 감화
▷ 좋은 친구와 사귀면 자연히 그 아름다운 덕에 감화됨

不立文字
불 립 문 자

한자	훈·음	부수	획수
不	아니 **부/불**		
立	설 **립**	立	5
	예 立席(입석): 서서 타는 자리 獨立(독립): 남의 힘을 입지 않고 홀로 섬		
文	글월 **문**	文	4
	예 文章(문장): 글자로 어떤 뜻을 조리 있게 적어 나타낸 것 作文(작문): 글을 지음		
字	글자 **자**	子	6
	예 字源(자원): 글자의 기원 點字(점자): 점으로 이루어진 맹인용의 글자		

문자로 가르침을 세우지 않음
▷ 불도의 깨달음은 일이나 글에 의지하지 않고 마음에서 마음으로 전하는 것이라는 의미

貧而無怨
빈 이 무 원

한자	훈·음	부수	획수
貧	가난할 **빈**	貝	11
	예 貧困(빈곤): 가난하고 군색함 貧富(빈부): 가난함과 넉넉함		
而	어조사 **이**		
無	없을 **무**	灬	12
怨	원망할 **원**	心	9
	예 怨聲(원성): 원망의 소리 宿怨(숙원): 오래 묵은 원한		

가난하지만 원망이 없음
▷ 가난해도 세상에 대한 원망을 하지 않음

事親以孝
사 친 이 효

한자	훈·음	부수	획수
事	일 **사**	丨	8
	例 事件(사건): 문제가 되거나 관심을 끌 만한 일 事態(사태): 일이 되어 가는 형편		
親	친할 **친**	見	16
	例 親舊(친구): 친하게 사귀는 벗 親睦(친목): 서로 친하여 뜻이 맞고 정다움		
以	써 **이**		
孝	효도 **효**	子	7
	例 孝婦(효부): 효성스러운 며느리 孝誠(효성): 마음을 다하여 어버이를 섬기는 정성		

효도로써 어버이를 섬김
▷ 세속 오계의 하나, 어버이를 섬기기를 효도로써 함

上下撑石
상 하 탱 석

한자	훈·음	부수	획수
上	윗 **상**	一	3
	例 上古(상고): 아주 오랜 옛날 上昇(상승): 위로 올라감		
下	아래 **하**	一	3
	例 下降(하강): 높은 데서 낮은 데로 내려옴 下落(하락): 물가 등이 떨어짐		
撑	버틸 **탱**	扌	15
	例 撑柱(탱주): 넘어지지 않게 버티는 기둥, 버팀목 支撑(지탱): 오래 버티거나 배겨 냄		
石	돌 **석**	石	5
	例 石工(석공): 돌을 다루어 물건을 만드는 사람 石塔(석탑): 돌로 쌓은 탑, 돌탑		

윗돌을 빼서 아랫돌을 괴고, 아랫돌을 빼서 윗돌을 굄
▷ 몹시 꼬이는 일을 당하며 임시변통으로 거우 해결해 감

DAY 13

十匙一飯 십시일반
君臣有義 군신유의
脣亡齒寒 순망치한
眼下無人 안하무인
物我一體 물아일체

十 匙 一 飯
십 시 일 반

한자	훈·음	부수	획수
十	열 **십**	十	2
匙	숟가락 **시**	ヒ	11
	예 匙箸(시저): 숟가락과 젓가락 挿匙(삽시): 제사 지낼 때 수저를 밥그릇에 꽂는 일		
一	한 **일**	一	1
飯	밥 **반**	食	13
	예 飯酒(반주): 밥에 곁들여 마시는 술 朝飯(조반): 아침밥		

열 사람의 한 술 밥이 한 그릇의 밥이 됨
▷ '여럿이 힘을 합하면 한 사람쯤 도와주기는 쉬움'을 이름

君臣有義
군 신 유 의

한자	훈·음	부수	획수
君	임금 **군**	口	7
	예 君主(군주): 임금 暴君(폭군): 포악한 임금		
臣	신하 **신**	臣	6
	예 奸臣(간신): 간악한 신하 忠臣(충신): 나라와 임금을 위하여 충절을 다하는 신하		
有	있을 **유**	月	6
	예 有故(유고): 탈이나 사고가 있음 有能(유능): 재능이 있음		
義	옳을 **의**	羊	13
	예 義理(의리): 사람으로서 지켜야 할 올바른 도리 義務(의무): 마땅히 해야 할 직분		

임금과 신하 간의 의리
▷ 임금과 신하 사이에는 의리가 있어야 함

脣亡齒寒
순 망 치 한

한자	훈·음	부수	획수
脣	입술 **순**	肉	11
	예 脣音(순음): 입술소리		
亡	망할 **망**	亠	3
	예 亡國(망국): 망한 나라 死亡(사망): 사람이 죽음		
齒	이 **치**	齒	15
	예 齒牙(치아): 이와 어금니 齒痛(치통): 이가 아픈 증세		
寒	찰 **한**	宀	12
	예 寒氣(한기): 추운 기운 寒波(한파): 겨울철에 기온이 급격히 떨어지는 현상		

입술이 없어지면 이가 시림
▷ 서로 의지하는 한쪽이 망하면 다른 한쪽도 따라 망하게 됨

眼下無人
안 하 무 인

한자	훈·음	부수	획수
眼	눈 **안**	目	11
	예 眼球(안구): 눈알 眼帶(안대): 눈을 보호하기 위하여 가리는 천 조각		
下	아래 **하**	一	3
	예 下降(하강): 높은 데서 낮은 데로 내려옴 下落(하락): 물가 등이 떨어짐		
無	없을 **무**	灬	12
	예 無垢(무구): 때묻지 않고 깨끗함 無名(무명): ① 이름이 없음 ② 세상에 알려지지 않음		
人	사람 **인**	人	2
	예 人格(인격): 말이나 행동 등에 나타나는 사람의 품격 人權(인권): 사람마다 가지고 있는 기본적인 권리		

눈 아래 사람이 없음
▷ 교만해서 남을 업신여김

物我一體
물 아 일 체

한자	훈·음	부수	획수
物	만물 **물**	牛	8
	예 物價(물가): 물건 값 物情(물정): 세상의 사물이나 인심		
我	나 **아**	戈	7
	예 我軍(아군): 우리 편의 군사 自我(자아): 자기 자신		
一	한 **일**	一	1
體	몸 **체**	骨	23
	예 體格(체격): 몸의 생김새 體驗(체험): 몸소 경험함		

자연물과 내가 하나된 상태
▷ 대상물에 완전히 몰입된 경지

如出一口 여출일구

拈花示衆 염화시중

烏飛梨落 오비이락

雲泥之差 운니지차

利用厚生 이용후생

如出一口
여 출 일 구

한자	훈·음	부수	획수
如	같을 **여**	女	6
	예 如前(여전): 전과 같음 缺如(결여): 응당 있어야 할 것이 부족하거나 없음		
出	날 **출**	凵	5
	예 出産(출산): 아기를 낳음 出衆(출중): 뭇사람 속에서 뛰어남		
一	한 **일**	一	1
口	입 **구**	口	3
	예 口腔(구강): 입안 口頭(구두): 직접 입으로 하는 말		

한 입에서 나오는 것이 같음

▷ 한 입에서 나오는 것처럼 여러 사람의 말이 같음

拈花示衆
염 화 시 중

한자	훈·음	부수	획수
拈	집을 **염/점**	扌	8
花	꽃 **화**	艹	8
	예 花壇(화단): 꽃밭 開花(개화): 꽃이 핌		
示	보일 **시**	示	5
	예 示範(시범): 모범을 보여 줌 表示(표시): 겉으로 드러내어 보임		
衆	무리 **중**	血	12
	예 聽衆(청중): 강연이나 설교 따위를 듣는 사람들 群衆(군중): 한곳에 모여 있는 많은 사람의 무리		

꽃을 따서 무리에게 보여줌
▷ 말로 통하지 않고 마음에서 마음으로 전하는 말

烏飛梨落
오 비 이 락

한자	훈·음	부수	획수
烏	까마귀 **오**	灬	10
	예 烏鵲(오작): 까마귀와 까치 嗚呼(오호): 슬퍼 탄식하는 소리		
飛	날 **비**	飛	9
	예 飛行(비행): 공중으로 날아다님 飛語(비어): 근거 없이 떠도는 말		
梨	배나무 **이**	木	11
	예 梨雪(이설): '배꽃'의 비유 梨花(이화): 배꽃		
落	떨어질 **락**	艹	13
	예 落島(낙도): 육지에서 멀리 떨어져 있는 섬 落選(낙선): 선거에서 떨어짐		

까마귀 날자 배 떨어짐
▷ 공교롭게 어떤 일이 같은 때에 일어나 남의 의심을 받게 됨

雲泥之差
운 니 지 차

한자	훈·음	부수	획수
雲	구름 **운**	雨	12
	예 雲霧(운무): 구름과 안개 雲集(운집): 구름같이 많이 모임		
泥	진흙 **니**	氵	8
	예 泥工(이공): 미장이 泥中(이중): 진창 속, '고되고 험난함'의 비유		
之	어조사 **지**		
差	어긋날 **차**	工	10
	예 差異(차이): 서로 다름 隔差(격차): 수준 따위의 차이		

구름과 진흙의 차이
▷ 서로 간의 차이가 매우 심함

利用厚生
이 용 후 생

한자	훈·음	부수	획수
利	이로울 **리**	刂	7
	예 利權(이권): 이익을 얻게 되는 권리 利潤(이윤): 장사하여 남은 돈		
用	쓸 **용**	用	5
	예 用例(용례): 전부터 써 온 사례 登用(등용): 인재를 뽑아서 씀		
厚	두터울 **후**	厂	9
	예 厚德(후덕): 덕이 두터움 重厚(중후): 몸가짐이 정중하고 건실함		
生	날 **생**	生	5
	예 生氣(생기): 활발하고 생생한 기운 生動(생동): 살아 움직임		

기구를 이롭게 쓰고 생활을 두텁게 함
▷ 기구를 편리하게 해서 먹을 것과 입을 것을 넉넉하게 하여, 국민의 삶이 나아지게 함

DAY 15

自屈之心 자굴지심
自中之亂 자중지란
長幼有序 장유유서
朋友有信 붕우유신
主客顚倒 주객전도

自屈之心
자 굴 지 심

한자	훈·음	부수	획수
自	스스로 **자**	自	6
	예 自覺(자각): 스스로 깨달음 自動(자동): 제 힘으로 움직임		
屈	굽힐 **굴**	尸	8
	예 屈服(굴복): 굽히어 복종함 屈折(굴절): 휘어 꺾임		
之	어조사 **지**		
心	마음 **심**	心	4
	예 心境(심경): 마음의 상태, 마음가짐 心性(심성): 본래 타고난 마음씨		

스스로 굽히는 마음
▷ 자신의 주장이나 견해·의지 등을 스스로 굽히는 마음

自中之亂
자 중 지 란

한자	훈·음	부수	획수
自	스스로 **자**	自	6
	예 **自然**(자연): 사람의 힘을 더하지 않고서 존재하는 것 **自治**(자치): 자기 일을 스스로 다스림		
中	가운데 **중**	ㅣ	4
	예 **中間**(중간): 두 사물이나 현상의 사이 **中心**(중심): 한가운데		
之	어조사 **지**		
亂	어지러울 **란**	乙	13
	예 **亂局**(난국): 어지러운 판국 **亂立**(난립): 어지럽게 늘어섬		

가운데서 일어나는 싸움
▷ 같은 편끼리 하는 싸움

長幼有序
장 유 유 서

한자	훈·음	부수	획수
長	어른 **장**	長	8
	예 **長技**(장기): 뛰어난 기술 **長壽**(장수): 오래 삶		
幼	어릴 **유**	幺	5
	예 **幼兒**(유아): 어린아이 **幼稚**(유치): 수준·정도가 낮음, 미숙함		
有	있을 **유**	月	6
	예 **有望**(유망): 잘될 희망이 있음 **有益**(유익): 이익이 있음		
序	차례 **서**	广	7
	예 **序論**(서론): 머리말 **秩序**(질서): 사물의 일정한 차례나 규칙		

어른과 어린아이 사이에는 차례가 있음
▷ 어른과 아이 사이에 지켜야 할 차례와 질서가 있음

朋友有信
붕 우 유 신

한자	훈·음	부수	획수
朋	벗 **붕**	月	8
	예 朋黨(붕당): 주의나 이해를 같이하는 사람들이 모인 단체 朋友(붕우): 벗, 친구		
友	벗 **우**	又	4
	예 友好(우호): 서로 사이가 좋음 友邦(우방): 서로 친밀한 관계인 나라		
有	있을 **유**	月	6
	예 保有(보유): 가지고 있음 有效(유효): 효과나 효력이 있음		
信	믿을 **신**	亻	9
	예 信念(신념): 굳게 믿는 마음 信任(신임): 믿고 일을 맡김		

벗 사이에 믿음이 있음
▷ 벗과 벗 사이의 도리에 믿음이 있음

主客顚倒
주 객 전 도

한자	훈·음	부수	획수
主	주인 **주**	丶	5
	예 主客(주객): 주인과 손님 主觀(주관): 자기만의 생각		
客	손님 **객**	宀	9
	예 客席(객석): 손님이 앉는 자리 賀客(하객): 축하해주는 손님		
顚	정수리 **전**	頁	19
	예 顚覆(전복): 뒤집어엎음 顚末(전말): 일의 처음부터 끝까지 진행되어 온 경위		
倒	넘어질 **도**	亻	10
	예 倒置(도치): 순서를 뒤바꾸어 둠 壓倒(압도): 힘·세력 등이 월등히 남을 능가함		

주인과 손님의 위치가 서로 뒤바뀜
▷ 사물의 경중·선후·완급 등이 서로 뒤바뀜

DAY 16

草根木皮 초근목피
鏡中美人 경중미인
破廉恥漢 파렴치한
含憤畜怨 함분축원
昏定晨省 혼정신성

草根木皮
초 근 목 피

한자	훈·음	부수	획수
草	풀 **초**	艹	10
	예 草家(초가): 볏짚이나 밀짚 등으로 지붕을 인 집 草稿(초고): 문장이나 시 따위의 맨 처음 쓴 원고		
根	뿌리 **근**	木	10
	예 根幹(근간): ① 뿌리와 줄기 ② 사물의 뼈대나 바탕 根絕(근절): 뿌리째 없애 버림		
木	나무 **목**	木	4
	예 木刻(목각): 나무에 새김 木材(목재): 나무로 된 재료		
皮	가죽 **피**	皮	5
	예 皮膚(피부): 동물의 몸의 겉을 싸고 있는 외피 皮相(피상): 겉으로 보이는 형상		

풀뿌리와 나무껍질
▷ 맛이나 영양가치가 없는 거친 음식

鏡中美人
경　중　미　인

한자	훈·음	부수	획수
鏡	거울 **경**	金	19
	例 鏡鑑(경감): ① 거울 ② 본보기 破鏡(파경): ① 깨어진 거울 ② 이혼하는 일		
中	가운데 **중**	丨	4
	例 中堅(중견): 어떤 단체나 사회에서 중심적 역할을 하는 사람 中立(중립): 대립되는 두 편 사이에서 어느 쪽에도 치우치지 않는 중간적인 자리에 섬		
美	아름다울 **미**	羊	9
	例 美觀(미관): 아름다운 경치 美貌(미모): 아름다운 얼굴 모습		
人	사람 **인**	人	2
	例 人傑(인걸): 매우 뛰어난 인재 人權(인권): 사람마다 가지고 있는 기본적인 권리		

거울에 비친 미인
▷ 실속없는 일

破廉恥漢
파　렴　치　한

한자	훈·음	부수	획수
破	깨뜨릴 **파**	石	10
	例 破滅(파멸): 깨어져 망함 破産(파산): 가산을 모두 날려 버림		
廉	청렴할 **렴**	广	13
	例 廉恥(염치): 조촐하고 깨끗하여 부끄러움을 아는 마음 淸廉(청렴): 고결하고 물욕이 없음		
恥	부끄러울 **치**	心	10
	例 恥辱(치욕): 부끄럽고 욕됨 羞恥(수치): 부끄러움		
漢	한수 **한**	氵	14
	例 漢文(한문): 한자(漢字)로 쓴 문장 惡漢(악한): 몹시 악독한 사나이		

염치를 모르는 사람
▷ 체면이나 부끄러움을 모르는 뻔뻔스러운 사람

含憤畜怨
함 분 축 원

한자	훈·음	부수	획수
含	머금을 **함**	口	7
	예 含量(함량): 들어 있는 양 包含(포함): 속에 들어 있거나 함께 넣음		
憤	분할 **분**	忄	15
	예 憤怒(분노): 분하여 몹시 성냄 鬱憤(울분): 분한 마음이 가슴에 가득함, 또는 그 마음		
畜	쌓을 **축**	田	10
	예 蓄財(축재): 재물을 모아 쌓음 貯蓄(저축): 아껴서 모아 둠		
怨	원망할 **원**	心	9
	예 怨聲(원성): 원망의 소리 宿怨(숙원): 오래 묵은 원한		

분함을 머금고 원망을 쌓음
▷ 마음속에 분을 품고 원한을 쌓음

昏定晨省
혼 정 신 성

한자	훈·음	부수	획수
昏	어두울 **혼**	日	8
	예 昏絶(혼절): 정신이 아찔하여 까무러침 黃昏(황혼): 해가 지고 어둑어둑할 무렵		
定	정할 **정**	宀	8
	예 定石(정석): 어떤 일을 처리할 때의 정해진 일정한 방식 定着(정착): 일정한 곳에 자리 잡아 삶		
晨	새벽 **신**	日	11
	예 晨星(신성): 새벽 하늘에 보이는 별 晨省(신성): 아침 일찍 부모의 침소에 가 밤 사이의 안부를 살핌		
省	살필 **성**	目	9
	예 省察(성찰): 자신이 한 일을 돌이켜보고 깊이 생각함 自省(자성): 스스로 반성함		

밤에는 부모의 잠자리를 정해 드리고 새벽에는 부모의 밤새 안부를 물음
▷ 자식이 부모를 잘 섬기고 효성을 다함

DAY 17

浩然之氣 호연지기
興亡盛衰 흥망성쇠
尾生之信 미생지신
金蘭之契 금란지계
松茂栢悅 송무백열

浩然之氣
호 연 지 기

한자	훈·음	부수	획수
浩	넓을 **호**	氵	10
	예 **浩然**(호연): ① 물이 그침 없이 흐르는 모양 ② 넓고 큰 모양 **浩蕩**(호탕): 아주 넓어서 끝이 없음		
然	그럴 **연**	灬	12
	예 **然後**(연후): 그러한 뒤 **必然**(필연): 반드시 그렇게 됨		
之	어조사 **지**		
氣	기운 **기**	气	10
	예 **氣勢**(기세): 기운차게 내뻗는 형세 **氣力**(기력): 정신과 육체의 힘		

넓고 왕성하게 뻗은 기운
▷ 거침없이 넓고 큰 기개

興亡盛衰
흥 망 성 쇠

한자	훈·음	부수	획수
興	일 **흥**	臼	16
	예 興起(흥기): ① 떨치고 일어남 ② 세력이 왕성하여짐 感興(감흥): 느끼어 일어나는 흥취		
亡	망할 **망**	亠	3
	예 亡國(망국): 망한 나라 亡命(망명): 정치적 이유 등으로 자기 나라에서 남의 나라로 몸을 피하는 일		
盛	성할 **성**	皿	12
	예 盛大(성대): 아주 성하고 큼 盛況(성황): 성대하고 활기찬 모양		
衰	쇠할 **쇠**	衣	10
	예 衰弱(쇠약): 몸이 쇠하여 약해짐 老衰(노쇠): 늙어서 심신이 쇠약함		

흥하고 망함, 융성하고 쇠퇴함
▷ 세상의 모든 일은 고정되어 있지 않고 늘 변함

尾生之信
미 생 지 신

한자	훈·음	부수	획수
尾	꼬리 **미**	尸	7
	예 尾行(미행): 몰래 남의 뒤를 밟음 末尾(말미): 끝부분		
生	날 **생**	生	5
	예 生氣(생기): 활발하고 생생한 기운 生沒(생몰): 태어남과 죽음		
之	어조사 **지**		
信	믿을 **신**	亻	9
	예 信念(신념): 굳게 믿는 마음 信任(신임): 믿고 일을 맡김		

'미생'이 지킨 믿음
▷ 우직하여 융통성이 없이 약속을 굳게 지킴

金蘭之契
금 란 지 계

한자	훈·음	부수	획수
金	쇠 **금**	金	8
	예 金塊(금괴): 금덩이 金利(금리): 대출금이나 예금 등에 붙는 이자		
蘭	난초 **란**	艹	21
	예 蘭交(난교): 뜻이 맞는 친밀한 사람들의 사귐 蘭草(난초): 난초과의 다년초		
之	어조사 **지**		
契	맺을 **계**	大	9
	예 契約(계약): 쌍방이 지켜야 할 의무에 관해 서면이나 구두로 하는 약속 契機(계기): 어떤 일이 일어나거나 결정되는 근거나 기회		

쇠와 같이 단단하고 난초의 향기와 같이 그윽한 사귐
▷ 친구 사이의 두터운 정

松茂栢悅
송 무 백 열

한자	훈·음	부수	획수
松	소나무 **송**	木	8
	예 松柏(송백): ① 소나무와 잣나무 ② '절개가 굳음'의 비유 老松(노송): 늙은 소나무		
茂	무성할 **무**	艹	9
	예 茂盛(무성): 풀이나 나무가 우거짐 茂才(무재): 재능이 뛰어난 사람		
栢	측백나무 **백**	木	10
	예 松柏(송백): 소나무와 잣나무 側栢(측백): 측백나무		
悅	기쁠 **열**	忄	10
	예 悅樂(열락): 기뻐하고 즐거워함 喜悅(희열): 기쁨과 즐거움		

소나무가 무성하면 잣나무가 기뻐함
▷ 벗이 잘되는 것을 기뻐함

DAY 18

先憂後樂 선우후락

刮目相對 괄목상대

甘呑苦吐 감탄고토

怒氣登天 노기등천

四顧無親 사고무친

先 憂 後 樂
선 우 후 락

한자	훈·음	부수	획수
先	먼저 **선**	儿	6
	例 先覺(선각): 남보다 먼저 깨달음, 또는 그 사람 先頭(선두): 첫머리		
憂	근심 **우**	心	15
	例 憂慮(우려): 근심하고 걱정함 憂患(우환): 집안에 병자가 있어 겪는 근심		
後	뒤 **후**	彳	9
	例 後援(후원): 뒤에서 도와줌 後退(후퇴): 뒤로 물러남		
樂	즐거울 **락**	木	15
	例 樂觀(낙관): 일이 잘될 것으로 생각함 樂園(낙원): 자유와 행복을 누릴 수 있는, 즐겁고 살기 좋은 곳		

남보다 먼저 근심하고 나중에 즐거워함
▷ 지사나 어진 사람의 마음씨

刮目相對
괄 목 상 대

한자	훈·음	부수	획수
刮	긁을 **괄**	刂	8
	예 刮摩(괄마): 그릇을 문질러 닦아서 윤을 냄		
目	눈 **목**	目	5
	예 目擊(목격): 직접 자기의 눈으로 봄 目前(목전): 눈앞		
相	서로 **상**	目	9
	예 相關(상관): 서로 관련을 가짐 相互(상호): 피차간, 서로		
對	대할 **대**	寸	14
	예 對決(대결): 양자(兩者)가 맞서서 우열을 겨룸 對立(대립): 서로 맞서거나 버팀		

눈을 비비고 상대를 봄
▷ 상대방의 학식이나 재주가 놀랄 만큼 부쩍 늚

甘呑苦吐
감 탄 고 토

한자	훈·음	부수	획수
甘	달 **감**	甘	5
	예 甘味(감미): 단맛 甘受(감수): 달게 받음		
呑	삼킬 **탄**	口	7
	예 倂呑(병탄): 아울러 삼킴, 남의 재물이나 영토를 강제로 한데 아우름		
苦	쓸 **고**	艹	9
	예 苦惱(고뇌): 괴로움과 번민 苦心(고심): 애를 씀		
吐	토할 **토**	口	6
	예 嘔吐(구토): 먹은 음식물을 게움 實吐(실토): 거짓말을 섞지 않고 사실대로 말함		

달면 삼키고 쓰면 뱉음
▷ 자신의 비위에 따라서 사리의 옳고 그름을 판단함

怒氣登天
노 기 등 천

한자	훈·음	부수	획수
怒	성낼 **노**	心	9
	예 激怒(격노): 몹시 성냄 怒濤(노도): 무서운 기세로 밀려오는 큰 파도		
氣	기운 **기**	气	10
	예 氣力(기력): 정신과 육체의 힘 氣分(기분): 마음에 저절로 느껴지는 감정		
氣	오를 **등**	癶	12
	예 登校(등교): 학교에 출석함 登錄(등록): 문서에 적어 둠		
天	하늘 **천**	大	4
	예 天然(천연): 자연 그대로 天職(천직): 천성에 알맞은 직업		

성난 기세가 하늘을 찌름
▷ 하늘을 찌를 듯이 화가 머리끝까지 난 상태

四顧無親
사 고 무 친

한자	훈·음	부수	획수
四	넉 **사**	口	5
	예 四肢(사지): ① 짐승의 네 다리 ② 사람의 팔다리 四海(사해): ① 사방의 바다 ② 천하, 온 세상		
顧	돌아볼 **고**	頁	21
	예 顧慮(고려): 마음을 씀 回顧(회고): 지나간 일을 돌이켜 생각함		
無	없을 **무**	灬	12
	예 無垢(무구): 때 묻지 않고 깨끗함 無名(무명): ① 이름이 없음 ② 세상에 알려지지 않음		
親	친할 **친**	見	16
	예 親近(친근): 정분이 친하고 가까움 親分(친분): 친밀한 정분		

사방을 보아도 친척이 없음
▷ 주변에 의지할 만한 사람이 아무도 없음

首丘初心 수구초심

寤寐不忘 오매불망

烹頭耳熟 팽두이숙

閑中眞味 한중진미

丹脣皓齒 단순호치

首 丘 初 心
수 구 초 심

한자	훈·음	부수	획수
首	머리 **수**	首	9
	예 首腦(수뇌): 어떤 조직이나 집단 등에서 가장 중요한 자리에 있는 인물 首席(수석): 맨 윗자리, 일등		
丘	언덕 **구**	一	5
	예 丘陵(구릉): 언덕, 나직한 산 沙丘(사구): 모래 언덕		
初	처음 **초**	刀	7
	예 初步(초보): 첫걸음 最初(최초): 맨 처음		
心	마음 **심**	心	4
	예 心身(심신): 마음과 몸 銘心(명심): 마음에 새겨 둠		

여우가 죽을 때에 머리를 자기가 살던 굴 쪽으로 둠
▷ 고향을 그리워하는 마음

寤寐不忘
오 매 불 망

한자	훈·음	부수	획수
寤	깰 **오**	宀	14
	예 寤寐(오매): 깸을 깨어 있을 때나 잘 때, 자나 깨나		
寐	잠잘 **매**	宀	12
	예 夢寐(몽매): 잠을 자며 꿈을 꿈		
不	아니 **부/불**		
忘	잊을 **망**	心	7
	예 忘却(망각): 잊어버림 備忘錄(비망록): 잊었을 때를 대비하여 기록해 두는 책자		

자나 깨나 잊지 못함
▷ 상대방을 잊지 못하고 늘 생각함

烹頭耳熟
팽 두 이 숙

한자	훈·음	부수	획수
烹	삶을 **팽**	灬	11
	예 烹茶(팽다): 차를 달임		
頭	머리 **두**	頁	16
	예 頭痛(두통): 머리가 아픈 증세 頭髮(두발): 머리털		
耳	귀 **이**	耳	6
	예 耳目(이목): ① 귀와 눈 ② 남들의 주목(注目) 耳順(이순): '60세'를 뜻함		
熟	익을 **숙**	灬	15
	예 熟練(숙련): 능숙하도록 익힘 半熟(반숙): 반쯤만 익힘		

머리를 삶으면 귀까지 익음
▷ 한 가지 일이 잘되면 다른 일도 저절로 이루어짐

閑中眞味
한 중 진 미

한자	훈·음	부수	획수
閑	한가할 **한**	門	12
	예 閑寂(한적): 조용하고 쓸쓸함 閑暇(한가): 바쁘지 않아 겨를이 있음		
中	가운데 **중**	ㅣ	4
	예 中心(중심): 한가운데 胸中(흉중): ① 가슴속 ② 마음에 두고 있는 생각		
眞	참 **진**	目	10
	예 眞價(진가): 참된 값어치 眞談(진담): 참말		
味	맛 **미**	口	8
	예 味覺(미각): 맛을 느끼는 감각 興味(흥미): 대상에 이끌려 관심을 가지는 감정		

한가한 가운데의 참다운 맛
▷ 한가함 속에 깃드는 참다운 맛

丹脣皓齒
단 순 호 치

한자	훈·음	부수	획수
丹	붉을 **단**	丶	4
	예 丹粧(단장): 머리나 옷차림 따위를 아름답게 꾸밈 丹心(단심): 속에서 우러나오는 정성스러운 마음		
脣	입술 **순**	月	11
	예 脣音(순음): 입술소리		
皓	흴 **호**	白	12
	예 皓白(호백): 달빛 皓月(호월): 썩 맑고 밝은 달		
齒	이 **치**	齒	15
	예 齒石(치석): 이에 누렇게 엉기어 붙은 단단한 물질 蟲齒(충치): 벌레 먹어 상한 이		

붉은 입술과 하얀 치아
▷ 아름다운 여자

DAY 20

興盡悲來　흥진비래
隔世之感　격세지감
辟邪進慶　벽사진경
手不釋卷　수불석권
夫婦有別　부부유별

興盡悲來
흥　진　비　래

한자	훈·음	부수	획수
興	일 흥	臼	16
	예 興起(흥기): ① 떨치고 일어남 ② 세력이 왕성하여짐 感興(감흥): 느끼어 일어나는 흥취		
盡	다할 진	皿	14
	예 盡力(진력): 있는 힘을 다함 消盡(소진): 다 써서 없어짐		
悲	슬플 비	心	12
	예 悲劇(비극): ① 비참한 사건 ② 슬픈 결말로 끝맺는 극 悲哀(비애): 슬픔과 설움		
來	올 래	人	8
	예 來年(내년): 올해의 다음 해 來訪(내방): 찾아옴		

즐거운 일이 다하면 슬픈 일이 닥쳐옴
▷ 세상일은 돌고 도는 것임

隔世之感
격 세 지 감

한자	훈·음	부수	획수
隔	사이뜰 **격**	阝	13
	예 隔離(격리): 사이를 막거나 떼어 놓음 間隔(간격): 떨어진 거리		
世	세대 **세**	一	5
	예 世代(세대): 약 30년을 한 구분으로 하는 연령층 世襲(세습): 재산이나 직업 등을 대를 이어 물려주거나 받는 일		
之	어조사 **지**		
感	느낄 **감**	心	13
	예 感動(감동): 깊이 느껴 마음이 움직임 感知(감지): 느끼어 앎		

세대에 사이가 뜬 느낌
▷ 오래지 않은 동안에 몰라보게 변해 다른 세상이 된 것 같음

辟邪進慶
벽 사 진 경

한자	훈·음	부수	획수
辟	물리칠 **벽**, 피할 **피**	辛	13
	예 辟邪(벽사): 나쁜 귀신을 물리침 辟穀(벽곡): 곡식을 먹지 않고 솔잎·대추·밤 따위를 조금씩 먹고 삶		
邪	간사할 **사**	阝	7
	예 邪敎(사교): ① 올바르지 못한 가르침 ② 올바르지 못한 종교 邪惡(사악): 간사하고 악독함		
進	나아갈 **진**	辶	12
	예 進擊(진격): 앞으로 나아가서 침 進級(진급): 등급·계급·학년 따위가 오름		
慶	경사 **경**	心	15
	예 慶事(경사): 축하할 만한 기쁜 일 慶弔(경조): 경사와 흉사(凶事)		

간사한 것을 물리치고 경사스러운 것으로 나아감
▷ 요사스러운 귀신을 쫓고 경사를 맞이함

手不釋卷
수 불 석 권

한자	훈·음	부수	획수
手	손 **수**	手	4
	예 **手記**(수기): 자기의 체험을 손수 적음, 또는 그 기록 **手製**(수제): 손으로 만듦, 또는 손으로 만든 물건		
不	아니 **부/불**		
釋	풀 **석**	采	20
	예 **保釋**(보석): 보증금을 내게 하고 구류 중인 미결수를 석방하는 일 **解釋**(해석): 뜻을 풀어 설명함		
卷	책 **권**	卩	8
	예 **卷頭**(권두): 책의 첫머리 **壓卷**(압권): 같은 책 가운데서 가장 잘 지은 글		

책을 손에서 놓지 않음
▷ 손에서 책을 놓지 않을 정도로 늘 글을 읽음

夫婦有別
부 부 유 별

한자	훈·음	부수	획수
夫	지아비 **부**	大	4
	예 **夫君**(부군): 상대편을 높여 그의 남편을 일컫는 말 **丈夫**(장부): 다 자란 씩씩한 남자		
婦	며느리 **부**	女	11
	예 **姑婦**(고부): 시어머니와 며느리 **夫婦**(부부): 남편과 아내		
有	있을 **유**	月	6
	예 **有望**(유망): 잘될 희망이 있음 **保有**(보유): 가지고 있음		
別	나눌 **별**	刂	7
	예 **別居**(별거): 따로 떨어져 삶 **離別**(이별): 서로 헤어짐		

부부간에 구별이 있음
▷ 남편과 아내 사이의 도리를 서로 침범하지 않음

DAY 21

進退維谷 진퇴유곡
安分知足 안분지족
玉石混淆 옥석혼효
干名犯義 간명범의
緣木求魚 연목구어

進退維谷
진 퇴 유 곡

한자	훈·음	부수	획수
進	나아갈 **진**	辶	12
	예 進擊(진격): 앞으로 나아가서 침 進路(진로): 앞으로 나아갈 길		
退	물러날 **퇴**	辶	10
	예 退却(퇴각): 싸움에 져서 물러섬 後退(후퇴): 뒤로 물러감		
維	벼리 **유**	糸	14
	예 維新(유신): 묵은 제도를 아주 새롭게 고치는 일 維持(유지): 지탱하여 나감		
谷	골 **곡**	谷	7
	예 溪谷(계곡): 물이 흐르는 골짜기 夾谷(협곡): 좁고 험한 골짜기		

나아갈 곳도 물러날 곳도 오직 골짜기뿐임
▷ 이러지도 저러지도 못하고 꼼짝할 수 없는 처지

安分知足
안 분 지 족

한자	훈·음	부수	획수
安	편안할 **안**	宀	6
	예 **安寧**(안녕): 몸이 건강하고 마음이 편안함 **安全**(안전): 아무런 위험이 없음		
分	나눌 **분**	刀	4
	예 **分斷**(분단): 끊어서 동강을 냄, 또는 두 동강이 남 **分別**(분별): 서로 다른 것을 구별하여 가름		
知	알 **지**	矢	8
	예 **知己**(지기): 자기를 알아주는 친구 **親知**(친지): 친근하게 서로 잘 알고 지내는 사람		
足	발 **족**	足	7
	예 **足鎖**(족쇄): 지난날 죄인의 발목에 채우던 쇠사슬 **洽足**(흡족): 넉넉하여 모자람이 없음		

분수에 편안해하며 만족을 앎
▷ 자신의 분수를 지키며 만족할 줄 아는 삶

玉石混淆
옥 석 혼 효

한자	훈·음	부수	획수
玉	옥 **옥**	玉	5
	예 **玉稿**(옥고): 훌륭한 원고, '남의 원고'의 높임말 **玉座**(옥좌): 임금이 앉는 자리		
石	돌 **석**	石	5
	예 **石工**(석공): 돌을 다루어 물건을 만드는 사람 **石塔**(석탑): 돌로 쌓은 탑, 돌탑		
混	섞일 **혼**	氵	11
	예 **混同**(혼동): ① 뒤섞음 ② 뒤섞어 보거나 잘못 판단함 **混雜**(혼잡): 뒤섞여서 분잡함		
淆	뒤섞일 **효**	氵	11
	예 **淆亂**(효란): 뒤섞이어 혼란함 **混淆**(혼효): 서로 뒤섞여서 분간할 수 없게 됨		

옥과 돌이 한데 섞여 있음
▷ 좋은 것과 나쁜 것이 함께 섞여 있음

干名犯義
간 명 범 의

한자	훈·음	부수	획수
干	방패 **간**	干	3
	예 干戈(간과): ① 방패와 창 ② 무기 干涉(간섭): 남의 일에 참견함		
名	이름 **명**	口	6
	예 名單(명단): 관계자의 이름을 적은 표 名聲(명성): 좋은 평판		
犯	범할 **범**	犭	5
	예 犯罪(범죄): 죄를 범함, 또는 범한 그 죄 防犯(방범): 범죄를 막음		
義	옳을 **의**	羊	13
	예 義理(의리): 사람으로서 지켜야 할 올바른 도리 義賊(의적): 의로운 도둑		

간범(범죄)으로 명예와 의로움을 저버림
▷ 명분을 거스르고 의리를 어기는 행위

緣木求魚
연 목 구 어

한자	훈·음	부수	획수
緣	인연 **연**	糸	15
	예 因緣(인연): ① 사물들 사이에 서로 맺어지는 관계 ② 연분(緣分) 事緣(사연): 일의 앞뒤 사정과 까닭		
木	나무 **목**	木	4
	예 木材(목재): 나무로 된 재료 木造(목조): 나무로 지음		
求	구할 **구**	水	7
	예 求職(구직): 직업을 구함 渴求(갈구): 목마르게 구함		
魚	물고기 **어**	魚	11
	예 魚網(어망): 물고기를 잡는 그물 稚魚(치어): 새끼 물고기		

나무에 올라 물고기를 구함
▷ 도저히 불가능한 일을 굳이 하려 함

DAY 22

論功行賞 논공행상
內憂外患 내우외환
羊頭狗肉 양두구육
九死一生 구사일생
背恩忘德 배은망덕

論功行賞
논 공 행 상

한자	훈·음	부수	획수
論	논할 **논**	言	15
	예 論駁(논박): 상대의 의견을 비난하고 공격함 論議(논의): 서로 의견을 말하여 토의함		
功	공 **공**	力	5
	예 功勞(공로): 일에 애쓴 공적 功過(공과): 공로와 과오		
行	행할 **행**	行	6
	예 行軍(행군): 군대 또는 많은 인원이 줄을 지어 걸어감 步行(보행): 걸어가는 일, 걷기		
賞	상줄 **상**	貝	15

공로를 논하여 상을 내림
▷ 공적의 크고 작음 등을 논의하여 그에 알맞은 상을 줌

內憂外患
내 우 외 환

한자	훈·음	부수	획수
內	안 **내**	入	4
	예 內亂(내란): 나라 안에서 일어난 반란이나 소동 따위 內助(내조): 아내가 집안에서 남편을 도움		
憂	근심 **우**	心	15
	예 憂慮(우려): 근심하고 걱정함 憂患(우환): 집안에 병자가 있어 겪는 근심		
外	바깥 **외**	夕	5
	예 外家(외가): 어머니의 친정 外貌(외모): 겉에 나타난 모습		
患	근심 **환**	心	11
	예 憂患(우환): 집안에 병자가 있어서 겪는 근심 患難(환난): 근심과 재난		

내부에서의 근심과 외부로부터의 근심
▷ 나라 안팎의 여러 가지 어려움

羊頭狗肉
양 두 구 육

한자	훈·음	부수	획수
羊	양 **양**	羊	6
	예 羊腸(양장): 양의 창자, '구불구불 구부러진 것'의 비유 牧羊(목양): 양을 치거나 놓아 기름		
頭	머리 **두**	頁	16
	예 頭目(두목): 나쁜 짓을 일삼는 무리의 우두머리 先頭(선두): 첫머리, 맨 앞		
狗	개 **구**	犭	8
	예 走狗(주구): ① 사냥할 때 부리는 잘 달리는 개 ② 남의 앞잡이 노릇을 하는 사람의 비유 黃狗(황구): 털빛이 누른 개		
肉	고기 **육**	肉	6
	예 肉體(육체): 사람의 몸 肉聲(육성): 기계를 통하지 않고 직접 들리는 사람의 목소리		

양의 머리를 걸어 놓고 개고기를 판매함
▷ 겉보기만 그럴듯하게 보이고 속은 변변치 않음

九死一生

구 사 일 생

한자	훈·음	부수	획수
九	아홉 **구**	乙	2
	예 **九泉**(구천): ① 저승 ② 깊은 땅속		
死	죽을 **사**	歹	6
	예 **死境**(사경): 죽게 된 지경 **死力**(사력): 죽을 힘		
一	한 **일**	一	1
生	날 **생**	生	5
	예 **生計**(생계): 살아갈 방도 **生動**(생동): 살아 움직임		

아홉 번 죽을 뻔하다 한 번 살아남
▷ 죽을 고비를 여러 차례 넘기고 겨우 살아남음

背恩忘德

배 은 망 덕

한자	훈·음	부수	획수
背	등 **배**	肉	9
	예 **背景**(배경): ① 뒤쪽의 경치 ② 그림이나 사진 등에서 뒤편에 펼쳐진 부분 **背信**(배신): 신의를 저버림		
恩	은혜 **은**	心	10
	예 **恩惠**(은혜): 남에게서 받은 고마운 혜택 **報恩**(보은): 은혜를 갚음		
忘	잊을 **망**	心	7
	예 **忘却**(망각): 잊어버림 **健忘症**(건망증): 기억력의 부족으로 잘 잊어버리는 병증		
德	덕 **덕**	彳	15
	예 **德談**(덕담): 상대편이 잘되기를 바라는 말이나 인사 **美德**(미덕): 아름다운 덕성		

은혜를 등지고 상대방의 덕을 잊음
▷ 다른 사람이 베풀어 준 은혜를 잊고 오히려 배신함

DAY 23

夫唱婦隨 부창부수

同氣相求 동기상구

類類相從 유유상종

名論卓說 명론탁설

蓋世之才 개세지재

夫 唱 婦 隨
부 창 부 수

한자	훈·음	부수	획수
夫	사내 **부**	大	4
	예 農夫(농부): 농사를 짓는 사람 丈夫(장부): ① 다 자란 씩씩한 남자 ② 장하고 씩씩한 사나이		
唱	노래 **창**	口	11
	예 愛唱(애창): 노래를 즐겨 부름 齊唱(제창): 여럿이 한목에 소리 내어 부름		
婦	며느리 **부**	女	11
	예 姑婦(고부): 시어머니와 며느리 夫婦(부부): 남편과 아내		
隨	따를 **수**	阝	16
	예 隨行(수행): 윗사람을 따라감 隨伴(수반): ① 붙좇아서 따름 ② 어떤 일과 함께 일어남		

남편이 노래를 부르면 아내가 따라 부름

▷ 부부가 화목하게 잘 어울리는 도리를 이름

同氣相求
동 기 상 구

한자	훈·음	부수	획수
同	같을 **동**	口	6
	예 同感(동감): 의견이나 견해에 있어 같이 생각함 同封(동봉): 같이 넣어 봉함		
氣	기운 **기**	气	10
	예 氣魄(기백): 씩씩한 기상과 진취성이 있는 정신 氣勢(기세): 기운차게 내뻗는 형세		
相	서로 **상**	目	9
	예 相關(상관): 서로 관련을 가짐 相逢(상봉): 서로 만남		
求	구할 **구**	水	7
	예 要求(요구): 달라고 청함 追求(추구): 목적한 바를 이루고자 끈기 있게 쫓아 구함		

같은 소리끼리는 서로 응하여 울림
▷ 같은 무리끼리 서로 통하고 자연히 모임

類類相從
유 유 상 종

한자	훈·음	부수	획수
類	무리 **유**	頁	19
	예 類似(유사): 서로 비슷함 分類(분류): 종류별로 가름		
類	무리 **유**	頁	19
	예 類推(유추): 서로 비슷한 점을 미루어 다른 것을 헤아림 種類(종류): 어떤 기준에 따라 나눈 갈래		
相	서로 **상**	目	9
	예 相互(상호): 피차간, 서로 樣相(양상): 생김새, 모양		
從	좇을 **종**	彳	14
	예 從事(종사): ① 어떤 일을 일삼아 함 ② 어떤 사람을 좇아 섬김 從軍(종군): 군대를 따라 싸움터로 감		

같은 무리끼리 서로 좇음
▷ 같은 무리끼리 서로 사귀고 같은 사람끼리 모임

名論卓說
명 론 탁 설

한자	훈·음	부수	획수
名	이름 **명**	口	6
	例 名曲(명곡): 뛰어나게 잘된 악곡, 유명한 노래나 악곡 名聲(명성): 좋은 평판		
論	논할 **론**	言	15
	例 論說(논설): 사물을 평론하고 설명하는 일, 또는 그 글 與論(여론): 대중의 공통된 의견		
卓	높을 **탁**	十	8
	例 卓見(탁견): 뛰어난 의견이나 식견 卓越(탁월): 남보다 훨씬 뛰어남		
說	말씀 **설**	言	14
	例 說明(설명): 풀이하여 밝힘 說得(설득): 알아듣도록 설명하여 납득시킴		

이름난 논문이나 뛰어난 말씀
▷ 훌륭하고 유명한 학설이나 이론

蓋世之才
개 세 지 재

한자	훈·음	부수	획수
蓋	덮을 **개**	艹	14
	例 蓋然(개연): 확실하지 못하나, 그럴 것으로 추측됨 覆蓋(복개): ① 뚜껑, 덮개 ② 뚜껑을 덮음		
世	대 **세**	一	5
	例 世孫(세손): 임금의 맏손자 世態(세태): 세상의 형편이나 상태		
之	어조사 **지**		
才	재주 **재**	手	3
	例 才質(재질): 타고난 재주 天才(천재): 아주 뛰어난 재주, 또는 그런 재주를 가진 사람		

세상을 덮을 만큼의 재주
▷ 세상을 뒤덮을 만큼 뛰어난 재주, 또는 그런 재주를 가진 사람

DAY 24

磨斧爲針 마부위침

博而不精 박이부정

梁上君子 양상군자

同病相憐 동병상련

三旬九食 삼순구식

磨斧爲針
마 부 위 침

한자	훈·음	부수	획수
磨	갈 **마**	石	16
	예 磨滅(마멸): 갈리어 닳아 없어짐 研磨(연마): 금속·보석·유리 따위를 갈고 닦아서 윤이 나게 함		
斧	도끼 **부**	斤	8
	예 斧柯(부가): 도낏자루, '정권(政權)'의 비유 鬼斧(귀부): 귀신(鬼神)의 도끼, '신기한 연장', 또는 '뛰어난 세공(細工)'의 비유		
爲	할 **위**	爪	12
	예 作爲(작위): 마음먹고 벌인 짓이나 행동 爲政(위정): 정치를 함		
針	바늘 **침**	金	10
	예 針線(침선): ① 바늘과 실 ② 바느질 方針(방침): 방향을 가리키는 지남침(指南針), '무슨 일을 해 나가는 계획과 방향'을 이름		

도끼를 갈아 바늘을 만듦

▷ 아무리 힘든 일이라도 끊임없이 노력하고 끈기 있게 인내하면 성공하게 됨

博而不精
박 이 부 정

한자	훈·음	부수	획수
博	넓을 **박**	十	12
	예 博識(박식): 보고 들은 것이 넓어서 아는 것이 많음 博愛(박애): 모든 것을 널리 평등하게 사랑함		
而	말이을 **이**		
不	아니 **부/불**		
精	자세할 **정**	米	14
	예 精巧(정교): 정밀하고 교묘함 精密(정밀): 아주 정교하고 자세함		

널리 알지만 정밀하지는 못함
▷ 여러 분야를 넓게 알지만 지식의 깊이는 얕음

梁上君子
양 상 군 자

한자	훈·음	부수	획수
梁	들보 **양**	木	11
	예 橋梁(교량): 다리 棟梁(동량): ① 마룻대와 들보 ② 집안이나 국가의 기둥이 될 만한 인물		
上	위 **상**	一	3
	예 上古(상고): 아주 오랜 옛날 上疏(상소): 임금에게 글을 올림, 또는 그 글		
君	군자 **군**	口	7
	예 夫君(부군): 상대편을 높여 그의 남편을 이르는 말 暴君(폭군): 포악한 임금		
子	아들 **자**	子	3
	예 子婦(자부): 아들의 아내, 며느리 子孫(자손): ① 아들과 손자 ② 후손		

들보 위의 군자
▷ 도둑을 점잖게 이르는 말

同病相憐
동 병 상 련

한자	훈·음	부수	획수
同	한가지 **동**	口	6
	예 同情(동정): 남의 불행이나 슬픔 따위를 자기 일처럼 생각함 和同(화동): 서로 사이가 벌어졌다가 다시 화합함		
病	병 **병**	疒	10
	예 病暇(병가): 병으로 인한 휴가 病弊(병폐): 결점과 폐단		
相	서로 **상**	目	9
	예 相剋(상극): 서로 맞지 않거나 마주치면 충돌하는 상태를 이름 相殺(상쇄): 셈을 서로 비김		
憐	불쌍히 여길 **련**	忄	15
	예 憐憫(연민): 불쌍하고 딱하게 여김 可憐(가련): 신세가 딱하고 가엾음		

같은 병을 앓는 사람끼리 서로 가엾게 여김
▷ 어려운 처지에 있는 사람들끼리 서로 가엾게 여김

三旬九食
삼 순 구 식

한자	훈·음	부수	획수
三	석 **삼**	一	3
旬	열흘 **순**	日	6
	예 上旬(상순): 초하루부터 초열흘까지의 동안 七旬(칠순): 나이 70세		
九	아홉 **구**	乙	2
食	밥 **식**	食	9
	예 食口(식구): 같은 집에서 끼니를 함께하며 사는 사람 食慾(식욕): 음식을 먹고 싶은 욕구		

삼십 일 동안 아홉 끼니밖에 먹지 못함
▷ 끼니를 못 이을 만큼 몹시 가난함

DAY 25

他山之石 타산지석
雪上加霜 설상가상
汗牛充棟 한우충동
束手無策 속수무책
同價紅裳 동가홍상

他山之石
타 산 지 석

한자	훈·음	부수	획수
他	다를 **타**	亻	5
	📖 他人(타인): 다른 사람 排他(배타): 다른 사람이나 다른 생각 따위를 배척함		
山	뫼 **산**	山	3
	📖 山麓(산록): 산기슭 山脈(산맥): 많은 산들이 길게 이어져 줄기 모양을 하고 있는 산지		
之	어조사 **지**		
石	돌 **석**	石	5
	📖 石工(석공): 돌을 다루어 물건을 만드는 사람 石材(석재): 토목·건축·조각 따위의 재료로 쓰이는 돌		

다른 산의 나쁜 돌이어도 자기 산의 옥돌을 가는 데에 쓸 수 있음
▷ 본이 되지 않는 남의 말이나 행동도 자신의 지식과 인격을 수양하는 데에 도움이 될 수 있음

雪上加霜
설 상 가 상

한자	훈·음	부수	획수
雪	눈 **설**	雨	11
	예 雪景(설경): 눈 경치 雪原(설원): 눈에 뒤덮여 있는 벌판		
上	위 **상**	一	3
	예 上納(상납): 윗사람에게 금품을 바침 上昇(상승): 위로 올라감		
加	더할 **가**	力	5
	예 加減(가감): 보탬과 뺌 加擔(가담): ① 어떤 일이나 무리에 한몫 낌 ② 편이 되어 힘을 보탬		
霜	서리 **상**	雨	17
	예 星霜(성상): 세월 秋霜(추상): 가을의 찬 서리, '서슬이 퍼런 위엄이나 엄한 형벌'의 비유		

눈 위에 서리가 덮임
▷ 난처한 일이나 불행한 일이 잇따라 일어남

汗牛充棟
한 우 충 동

한자	훈·음	부수	획수
汗	땀 **한**	氵	6
	예 汗蒸(한증): 높은 온도로 몸을 덥혀, 땀을 내어 병을 다스리는 일 發汗(발한): 병을 다스리기 위해 땀을 냄		
牛	소 **우**	牛	4
	예 牛步(우보): 소의 걸음, '느린 걸음, 또는 일의 진도가 느림'의 뜻 牛乳(우유): 암소의 젖		
充	채울 **충**	儿	5
	예 充當(충당): 모자라는 것을 채움 充員(충원): 모자라는 인원을 채움		
棟	마룻대 **동**	木	12
	예 棟梁(동량): ① 마룻대와 들보 ② 한 집안이나 국가의 기틀이 될 만한 인물 病棟(병동): 병원 안에 있는 여러 병실로 된 한 채의 건물		

짐을 실은 소가 땀을 흘리고, 짐을 쌓으면 들보에까지 찰 정도로 많음
▷ 가지고 있는 책이 매우 많음

束手無策
속 수 무 책

한자	훈·음	부수	획수
束	묶을 **속**	木	7
	예 束縛(속박): 얽어매어 구속함 結束(결속): 맺어 뭉침		
手	손 **수**	手	4
	예 手工(수공): 손으로 하는 공예 手製(수제): 손으로 만듦, 또는 손으로 만든 물건		
無	없을 **무**	灬	12
策	꾀 **책**	竹	12
	예 策略(책략): 꾀와 방법 計策(계책): 계획과 꾀		

손을 묶은 것처럼 어찌할 계책이 없음
▷ 어찌할 방책을 낼 수 없는 답답한 상황

同價紅裳
동 가 홍 상

한자	훈·음	부수	획수
同	한가지 **동**	口	6
	예 同感(동감): 의견이나 견해에 있어 같이 생각함 同胞(동포): 같은 어머니에게서 태어난 형제자매, 같은 민족		
價	값 **가**	亻	15
	예 價格(가격): 화폐로써 나타낸 상품의 교환 가치 評價(평가): 사람이나 사물의 가치를 판단함		
紅	붉을 **홍**	糸	9
	예 紅塵(홍진): ① 붉게 일어나는 먼지 ② '번거로운 세상'의 비유 紅葉(홍엽): ① 붉은 잎 ② 단풍이 든 나뭇잎		
裳	치마 **상**	衣	14
	예 衣裳(의상): 저고리와 치마, 옷 紅裳(홍상): 다홍치마		

같은 값이면 다홍치마
▷ 같은 조건이라면 더 좋은 쪽을 택함

DAY 26

粉骨碎身 분골쇄신

三顧草廬 삼고초려

塗炭之苦 도탄지고

是是非非 시시비비

孤立無援 고립무원

88

粉骨碎身
분 골 쇄 신

한자	훈·음	부수	획수
粉	가루 **분**	米	10
	예 粉末(분말): 가루 粉塵(분진): 티끌		
骨	뼈 **골**	骨	10
	예 骨盤(골반): 허리 부분을 이루는 납작한 뼈 遺骨(유골): 죽은 사람의 뼈		
碎	부술 **쇄**	石	13
	예 碎氷(쇄빙): 얼음을 깨뜨림 粉碎(분쇄): ① 가루처럼 잘게 부스러뜨림 ② 적을 철저하게 쳐부숨		
身	몸 **신**	身	7
	예 身命(신명): 몸과 목숨 身上(신상): 신변에 관련한 형편		

뼈를 가루로 만들고 몸을 부숨
▷ '전력을 다함'의 비유

三顧草廬
삼　고　초　려

한자	훈·음	부수	획수
三	석 **삼**	一	3
顧	돌아볼 **고**	頁	21
	예 顧慮(고려): 마음을 씀 回顧(회고): 지나간 일을 돌이켜 생각함		
草	풀 **초**	艹	10
	예 草稿(초고): 문장이나 시 따위의 맨 처음 쓴 원고 草野(초야): 궁벽한 시골		
廬	오두막 **려**	广	19
	예 廬舍(여사): 지난날 나그네의 편의를 위해 길가에 세운 건물 草廬(초려): 초가집		

오두막에 세 번 찾아감
▷ 인재를 맞아들이기 위하여 참을성 있게 노력함

塗炭之苦
도　탄　지　고

한자	훈·음	부수	획수
塗	진흙 **도**	土	13
	예 塗裝(도장): 도료를 칠하거나 발라 치장함 糊塗(호도): 일시적으로 흐리터분하게 얼버무려 넘김		
炭	숯 **탄**	火	9
	예 炭鑛(탄광): 석탄이 나는 광산 氷炭(빙탄): 얼음과 숯불, '성질이 상반하여 어울리지 않음'의 비유		
之	어조사 **지**		
苦	괴로울 **고**	艹	9
	예 苦難(고난): 괴로움과 어려움 苦惱(고뇌): 괴로움과 번민		

진구렁에 빠지고 숯불에 타는 괴로움
▷ 가혹한 정치로 인해 백성이 겪는 고통

是是非非
시 시 비 비

한자	훈·음	부수	획수
是	옳을 **시**	日	9
	예 是非(시비): 옳고 그름 是認(시인): 옳다고 인정함		
是	옳을 **시**	日	9
	예 是認(시인): 옳다고 인정함 是正(시정): 잘못된 것을 바로잡음		
非	아닐 **비**	非	8
	예 非難(비난): 남의 잘못을 나무람 非理(비리): 도리에 어긋나는 일		
非	아닐 **비**	非	8
	예 非凡(비범): 평범하지 않음 非行(비행): 그릇된 행동, 나쁜 짓		

옳은 것은 옳고 틀린 것은 틀리다고 함
▷ 옳고 그름을 따져 밝혀냄

孤立無援
고 립 무 원

한자	훈·음	부수	획수
孤	외로울 **고**	子	8
	예 孤獨(고독): 외로움 孤立(고립): 외따로 떨어져 있음		
立	설 **립**	立	5
	예 立案(입안): 방안을 세움 立證(입증): 증거를 내세워 증명함		
無	없을 **무**	灬	12
	예 無垢(무구): 때묻지 않고 깨끗함 無斷(무단): 신고나 허가 없이 제멋대로 행동함		
援	도울 **원**	扌	12
	예 援助(원조): 도와줌 支援(지원): 지지하여 도움		

홀로 있어 도움을 받을 곳이 없음
▷ 외로운 상태, 외톨이가 되어 도움을 받지 못하는 상태

DAY 27

錦上添花 금상첨화
尸位素餐 시위소찬
千載一遇 천재일우
敝衣破冠 폐의파관
輾轉反側 전전반측

錦上添花
금 상 첨 화

한자	훈·음	부수	획수
錦	비단 **금**	金	16
	예 錦囊(금낭): ① 비단 주머니 ② 잘 지은 시 錦地(금지): '남이 사는 곳'의 높임말		
上	위 **상**	一	3
	예 上疏(상소): 임금에게 글을 올림, 또는 그 글 上座(상좌): 높은 자리, 윗자리		
添	더할 **첨**	氵	11
	예 添加(첨가): 더하여 붙임 添言(첨언): 덧붙여 말함		
花	꽃 **화**	艹	8
	예 花壇(화단): 꽃밭 花園(화원): 꽃동산		

비단 위에 꽃을 더함
▷ 좋은 일 위에 또 좋은 일이 더하여짐

尸位素餐

시 위 소 찬

한자	훈·음	부수	획수
尸	주검 **시**	尸	3
	예 尸童(시동): 지난날 제사 지낼 때 신위 대신 그 자리에 앉히던 아이 尸蟲(시충): 시체에 생기는 벌레		
位	자리 **위**	亻	7
	예 位階(위계): 지위의 등급 地位(지위): 개인이 차지하는 사회적 위치		
素	흴 **소**	糸	10
	예 素服(소복): ① 흰옷 ② 흰 천으로 만든 상복(喪服) 素質(소질): 성격이나 능력의 바탕이 되는 것으로 날 때부터 지니는 것		
餐	밥 **찬**	食	16
	예 晩餐(만찬): 특별히 잘 차려 낸 저녁 식사 午餐(오찬): 여느 때보다 잘 차려 먹는 점심		

제사 때 신 대신 앉은 아이가 먹는 공짜 밥
▷ 공로나 재덕 없이 자리만 차지하며 녹을 받아먹음

千載一遇

천 재 일 우

한자	훈·음	부수	획수
千	일천 **천**	十	3
	예 千里眼(천리안): 천 리 밖의 것을 볼 수 있는 안력(眼力) 千秋(천추): 오래고 긴 세월		
載	실을 **재**	車	13
	예 揭載(게재): 신문 따위에 글이나 그림을 실음 記載(기재): 문서에 기록하여 실음		
一	한 **일**	一	1
遇	만날 **우**	辶	13
	예 待遇(대우): 예의를 갖추어 대함 不遇(불우): 재능을 가지고도 좋은 때를 만나지 못함		

천 년간 한 번 만남
▷ 좀처럼 만나기 힘든 좋은 기회

敝衣破冠
폐 의 파 관

한자	훈·음	부수	획수
敝	해질 **폐**	攵	12
	🔘 敝履(폐리): 헌 신		
衣	옷 **의**	衣	6
	🔘 衣服(의복): 옷 衣食(의식): 의복과 음식		
破	깨뜨릴 **파**	石	10
	🔘 破鏡(파경): ① 깨어진 거울 ② '부부의 인연이 끊어짐'의 비유 破壞(파괴): 깨뜨려서 허묾		
冠	갓 **관**	宀	9
	🔘 冠禮(관례): 남자 나이 20세 때 치르는 성인례(成人禮)로 이때 처음 관(冠)을 씀 衣冠(의관): 옷과 갓		

해진 옷과 부서진 갓
▷ 초라한 차림새

輾轉反側
전 전 반 측

한자	훈·음	부수	획수
輾	돌아누울 **전**	車	17
轉	구를 **전**	車	18
	🔘 轉勤(전근): 근무처를 옮김 轉向(전향): 이제까지의 사상이나 신념 등을 다른 것으로 바꿈		
反	돌이킬 **반**	又	4
	🔘 反亂(반란): 정권을 타도하기 위한 조직적인 폭력 활동 反復(반복): 되풀이, 또는 되풀이함		
側	곁 **측**	亻	11
	🔘 側近(측근): 곁, 가까운 곳 側面(측면): 옆면		

이쪽저쪽으로 뒤척임
▷ 누워서 이리저리 몸을 뒤척이며 잠을 이루지 못함

滄海一粟 창해일속
芝蘭之交 지란지교
臨時方便 임시방편
招搖過市 초요과시
反面教師 반면교사

滄海一粟
창 해 일 속

한자	훈·음	부수	획수
滄	큰바다 **창**	氵	13
	예 滄茫(창망): 물이 푸르고 아득하게 넓은 모양 滄波(창파): 푸른 물결		
海	바다 **해**	氵	10
	예 海流(해류): 바닷물의 흐름 海洋(해양): 넓은 바다		
一	한 **일**	一	1
粟	조 **속**	米	12
	예 粟米(속미): ① 조와 쌀 ② 겉껍질을 쓿지 않은 벼 粟帛(속백): 곡식과 비단		

큰 바다의 좁쌀 한 톨
▷ 매우 작거나 보잘것없는 존재

芝蘭之交
지 란 지 교

한자	훈·음	부수	획수
芝	지초 **지**	⺿	8
	예 芝蘭(지란): ① 지초(芝草)와 난초(蘭草) ② '선인(善人) 또는 군자(君子)'의 비유 芝草(지초): 지칫과의 다년초		
蘭	난초 **란**	⺿	21
	예 蘭交(난교): 뜻이 맞는 친밀한 사람들의 사귐 蘭草(난초): 난초과의 다년초		
之	어조사 **지**		
交	사귈 **교**	亠	6
	예 交代(교대): 서로 번갈아 듦 交際(교제): 서로 사귐		

지초와 난초의 교제
▷ 맑고 고귀한 벗 사이의 사귐

臨時方便
임 시 방 편

한자	훈·음	부수	획수
臨	임할 **임**	臣	17
	예 臨迫(임박): 시기나 사건 등이 가까이 닥쳐옴 臨終(임종): ① 죽을 때에 다다름 ② 부모가 돌아가실 때 곁에서 모시고 있음		
時	때 **시**	日	10
	예 時急(시급): 시간적으로 몹시 급함 時流(시류): 그 시대의 풍조(風潮)		
方	모 **방**	方	4
	예 方法(방법): 일을 처리할 방법이나 방도에 관안 계획 方針(방침): 사업이나 행동 방향의 지침		
便	편할 **편**	亻	9
	예 便法(편법): 편리한 방법 便益(편익): 편리하고 유익함		

갑자기 터진 일을 그때의 사정에 따라 간단히 둘러 맞춤
▷ 임시적·순간적 상황에 맞춰 일을 융통성 있게 처리함

招搖過市
초 요 과 시

한자	훈·음	부수	획수
招	부를 **초**	扌	8
	예 招待(초대): 손님을 불러서 대접함 招聘(초빙): 예(禮)로써 남을 부름		
搖	흔들릴 **요**	扌	13
	예 搖動(요동): 흔들리어 움직임 搖亂(요란): 시끄럽고 어지러움		
過	지날 **과**	辶	13
	예 過敏(과민): 지나치게 예민함 過程(과정): 일이 되어 가는 경로		
市	저자 **시**	巾	5
	예 市街(시가): 도시의 큰 길거리 市場(시장): 여러 가지 상품을 매매(賣買)하는 곳		

요란스럽게 부르고, 패옥을 흔들며 저잣거리를 지나감
▷ 허풍을 떨며 자신을 드러내 남들의 주의를 끔

反面教師
반 면 교 사

한자	훈·음	부수	획수
反	돌이킬 **반**	又	4
	예 反目(반목): 서로 맞서서 미워함 反應(반응): 어떤 자극을 받아 작용을 일으키는 일		
面	낯 **면**	面	9
	예 面駁(면박): 마주 대하여 공박함 面接(면접): 직접 대면함		
教	가르칠 **교**	攵	11
	예 教訓(교훈): 가르치고 깨우침 教唆(교사): 못된 일을 하도록 남을 부추김		
師	스승 **사**	巾	10
	예 師弟(사제): 스승과 제자 師表(사표): 학식과 인격이 높아 남의 모범이 됨, 또는 그런 사람		

극히 나쁜 면만을 가르쳐 주는 선생
▷ 사람이나 사물의 부정적인 면에서 깨달음이나 가르침을 주는 대상

DAY 29

街談巷說 가담항설
甲論乙駁 갑론을박
九牛一毛 구우일모
菽麥不辨 숙맥불변
有口無言 유구무언

街 談 巷 說
가 담 항 설

한자	훈·음	부수	획수
街	거리 **가**	行	12
	예 街頭(가두): 길거리 市街(시가): 도시의 큰 길거리		
談	말씀 **담**	言	15
	예 談笑(담소): 웃으면서 이야기함 談話(담화): 어떤 일에 대한 의견이나 태도를 밝히는 말		
巷	거리 **항**	己	9
	예 巷間(항간): 일반 민중들 사이 陋巷(누항): 좁고 더러운 거리		
說	말씀 **설**	言	14
	예 浪說(낭설): 터무니없는 헛소문 解說(해설): 풀어서 설명함		

거리에서의 이야기
▷ 길거리나 항간에 떠도는 소문

甲論乙駁
갑 론 을 박

한자	훈·음	부수	획수
甲	첫째천 **간**/갑옷 **갑**	田	5
	예 甲富(갑부): 첫째가는 부자 鐵甲(철갑): 쇠로 만드는 갑옷		
論	논할 **론**	言	15
	예 論說(논설): 사물을 평론하고 설명하는 일, 또는 그 글 論評(논평): 논하면서 비평함		
乙	새 **을**	乙	1
駁	논박할 **박**	馬	14
	예 論駁(논박): 상대의 의견이나 주장의 잘못을 비난하고 공격함 反駁(반박): 남의 의견이나 비난에 맞서 공격하여 말함		

갑이 논하면 을은 반박함
▷ 여러 사람이 서로 각자의 주장을 내세우며 상대편의 주장을 반박함

98

九牛一毛
구 우 일 모

한자	훈·음	부수	획수
九	아홉 **구**	乙	2
	예 九泉(구천): ① 저승 ② 깊은 땅속		
牛	소 **우**	牛	4
	예 牛步(우보): 소의 걸음, '느린 걸음, 또는 일의 진도가 느림'의 뜻 牛乳(우유): 암소의 젖		
一	한 **일**	一	1
毛	털 **모**	毛	4
	예 毛髮(모발): ① 사람의 머리털 ② 사람 몸에 있는 '터럭'의 총칭 毛皮(모피): 털가죽		

아홉 마리의 소 가운데 박힌 하나의 털
▷ 많은 것 중에 극히 적은 수

菽麥不辨
숙 맥 불 변

한자	훈·음	부수	획수
菽	콩 **숙**	++	12
	예 菽麥(숙맥): ① 콩과 보리 ② 콩인지 보리인지를 분별하지 못함, '어리석은 사람'의 비유 菽水(숙수): 콩과 물, '변변치 못한 음식물'을 이름		
麥	보리 **맥**	麥	11
	예 麥飯(맥반): 보리밥 麥酒(맥주): 보리의 엿기름 즙에 홉을 섞어 발효시켜 만든 술		
不	아니 **부/불**		
辨	분별할 **변**	辛	16
	예 辨明(변명): ① 사리를 가려내어 밝힘 ② 자기 언행을 다른 사람이 납득하도록 설명함 辨償(변상): 끼친 손해를 물어 줌		

콩과 보리를 구분하지 못함
▷ 세상 물정을 잘 모르고 사리 분별을 못함

有口無言
유 구 무 언

한자	훈·음	부수	획수
有	있을 **유**	月	6
	예 有故(유고): 탈이나 사고가 있음 有識(유식): 학식(學識)이 있음, 아는 것이 많음		
口	입 **구**	口	3
	예 口腔(구강): 입안 口頭(구두): 직접 입으로 하는 말		
無	없을 **무**	灬	12
	예 無聊(무료): 지루하고 심심함 無名(무명): ① 이름이 없음 ② 세상에 알려지지 않음		
言	말씀 **언**	言	7
	예 言及(언급): 말이 어떤 문제에 미침, 어떤 문제에 대하여 말함 言爭(언쟁): 말다툼		

입이 있어도 말은 없음
▷ 변명할 밀이 없거나 변명을 못 함

鷄卵有骨 계란유골

居安思危 거안사위

有備無患 유비무환

堂狗風月 당구풍월

誰怨誰咎 수원수구

鷄卵有骨
계 란 유 골

한자	훈·음	부수	획수
鷄	닭 **계**	鳥	21
	예 鷄肋(계륵): 닭의 갈비뼈, '가치는 적지만 버리기에는 아까운 것'의 비유 養鷄(양계): 닭을 기름		
卵	알 **란**	卩	7
	예 鷄卵(계란): 닭의 알, 달걀 産卵(산란): 알을 낳음		
有	있을 **유**	月	6
	예 有望(유망): 잘될 희망이 있음 有償(유상): 보상(補償)이 있음		
骨	뼈 **골**	骨	10
	예 骨肉(골육): ① 뼈와 살 ② 부모나 형제자매 등의 가까운 혈족 骨子(골자): ① 뼈 ② 사물의 핵심		

달걀에도 뼈가 있음

▷ 운수가 나쁜 사람은 모처럼 좋은 기회를 만나도 일이 잘 안됨

居安思危
거 안 사 위

한자	훈·음	부수	획수
居	살 **거**	尸	8
	例 居留(거류): 임시로 머물러 삶 隱居(은거): 세상을 피하여 숨어 삶		
安	편안할 **안**	宀	6
	例 安寧(안녕): 몸이 건강하고 마음이 편안함 安息(안식): 편안히 쉼		
思	생각할 **사**	心	9
	例 思考(사고): 생각하고 궁리함 思想(사상): ① 생각 ② 사회나 정치에 대한 일정한 견해		
危	위태로울 **위**	卩	6
	例 危機(위기): 위험한 고비 危殆(위태): ① 형세가 매우 어려움 ② 위험함		

편안하게 살 때에도 위기를 생각함
▷ 평안할 때에도 위험이 닥칠 것을 생각하며 미리 준비해야 함

有備無患
유 비 무 환

한자	훈·음	부수	획수
有	있을 **유**	月	6
	例 有效(유효): 효과나 효력이 있음 保有(보유): 가지고 있음		
備	갖출 **비**	亻	12
	例 備蓄(비축): 만일의 경우에 대비하여 미리 모아 둠 備品(비품): 업무용으로 갖추어 두는 물건		
無	없을 **무**	灬	12
	例 無顔(무안): 볼 낯이 없음 無知(무지): 아는 것이 없음, 어리석음		
患	근심 **환**	心	11
	例 患難(환난): 근심과 재난 宿患(숙환): 오랜 병환(病患)		

평소에 갖추고 있으면 근심이 없음
▷ 미리 대비해 놓으면 걱정할 것이 없음

堂狗風月
당 구 풍 월

한자	훈·음	부수	획수
堂	집 **당**	土	11
	예 堂堂(당당): 매우 의젓하고 떳떳함 明堂(명당): 좋은 십터나 묏자리		
狗	개 **구**	犭	8
	예 走狗(주구): ① 사냥할 때 부리는 잘 달리는 개 ② 남의 앞잡이 노릇을 하는 사람의 비유 黃狗(황구): 털빛이 누른 개		
風	바람 **풍**	風	9
	예 風霜(풍상): 바람과 서리, '세상의 모진 고난이나 고통'의 비유 風習(풍습): 풍속과 습관		
月	달 **월**	月	4
	예 月刊(월간): 매달 한 차례씩 인쇄물을 발행함, 또는 그 간행물 月給(월급): 일한 대가로 다달이 받는 일정한 돈		

서당에서 기르는 개가 풍월을 읊음
▷ 경험과 지식이 없는 사람이라도 유식한 사람과 오래 함께하면 얼마간의 경험과 지식이 생김

誰怨誰咎
수 원 수 구

한자	훈·음	부수	획수
誰	누구 **수**	言	15
怨	원망할 **원**	心	9
	예 怨聲(원성): 원망의 소리 怨讐(원수): 원한이 맺힌 사람		
誰	누구 **수**	言	15
咎	허물 **구**	口	8
	예 咎徵(구징): 재앙이 있을 징조 咎悔(구회): ① 남의 책망을 듣고 스스로 뉘우침 ② 잘못과 뉘우침		

누구를 원망하고 누구를 탓하나
▷ 타인을 원망하거나 탓할 것이 없음

DAY 31

附和雷同 부화뇌동
面從腹背 면종복배
晩時之歎 만시지탄
口蜜腹劍 구밀복검
亡羊補牢 망양보뢰

103

附和雷同
부 화 뇌 동

한자	훈·음	부수	획수
附	붙을 **부**	阝	8
	예 附加(부가): 이미 있는 것에 덧붙임 附錄(부록): 책의 끝에 참고 자료로 덧붙이는 인쇄물		
和	화할 **화**	口	8
	예 和睦(화목): 서로 뜻이 맞고 정다움 和暢(화창): 날씨나 마음씨가 온화하고 맑음		
雷	우레 **뢰**	雨	13
	예 雷管(뇌관): 화약 따위에 점화하기 위한 발화물(發火物) 落雷(낙뢰): 벼락		
同	한가지 **동**	雨	6
	예 同寢(동침): 부부 또는 남녀가 잠자리를 같이함 和同(화동): 서로 사이가 벌어졌다가 다시 화합함		

우렛소리와 함께함
▷ 줏대 없이 남의 의견에 따라 움직임

面從腹背
면　종　복　배

한자	훈·음	부수	획수
面	낯 **면**	面	9
	예 面目(면목): ① 얼굴의 생김새 ② 체면 面識(면식): 얼굴을 서로 앎		
從	좇을 **종**	彳	11
	예 從事(종사): ① 어떤 일을 일삼아 함 ② 어떤 사람을 좇아 섬김 服從(복종): 남의 명령이나 요구를 그대로 따름		
腹	배 **복**	肉	13
	예 腹部(복부): 배 부분 腹痛(복통): 배가 아픈 병		
背	등 **배**	肉	9
	예 背景(배경): ① 뒤쪽의 경치 ② 그림이나 사진 등에서 뒤편에 펼쳐진 부분 背叛(배반): 신의를 저버리고 돌아섬		

겉으로는 따르고 속으로는 배반함
▷ 겉으로는 복종하는 척하면서 내심으로는 배반함

晩時之歎
만　시　지　탄

한자	훈·음	부수	획수
晩	늦을 **만**	日	11
	예 晩年(만년): 일생의 끝 시기 晩秋(만추): 늦가을		
時	때 **시**	日	10
	예 時急(시급): 시간적으로 몹시 급함 時點(시점): 시간의 흐름 위의 어떤 한 점		
之	어조사 **지**		
歎	탄식할 **탄**	欠	15
	예 歎服(탄복): 참으로 훌륭하다고 마음으로 감탄함 歎息(탄식): 한탄하며 한숨을 쉼, 또는 그 한숨		

때가 늦어 탄식함
▷ 시기가 늦어 이미 기회를 놓쳤음을 안타까워하는 탄식

口蜜腹劍
구 밀 복 검

한자	훈·음	부수	획수
口	입 **구**	口	3
	예 口傳(구전): 입으로 전함, 말로 전함 入口(입구): 들어가는 어귀나 문		
蜜	꿀 **밀**	虫	14
	예 蜜語(밀어): 달콤한 말, 특히 남녀 간의 정담(情談) 蜜月(밀월): 영어 '허니문'의 의역(意譯)으로 결혼 후 한두 달의 즐겁고 달콤한 기간		
腹	배 **복**	肉	13
	예 腹案(복안): 마음속에 품고 있는 생각이나 계획 腹部(복부): 배 부분		
劍	칼 **검**	刂	15
	예 劍客(검객): 검술을 잘하는 사람 劍術(검술): 칼을 쓰는 수법		

입에는 꿀이 있고 배 속에는 칼이 있음
▷ 말로는 친한 듯하나 마음속에는 해칠 뜻이 있음

亡羊補牢
망 양 보 뢰

한자	훈·음	부수	획수
亡	망할 **망**	亠	3
	예 亡夫(망부): 세상을 떠난 남편 逃亡(도망): 달아남		
羊	양 **양**	羊	6
	예 羊腸(양장): 양의 창자, '구불구불 길게 구부러진 것'의 비유 牧羊(목양): 양을 치거나 놓아 기름		
補	기울 **보**	衤	12
	예 補强(보강): 보충하여 더 강하게 함 補給(보급): 물자를 대어 줌		
牢	우리 **뢰**	牛	7
	예 牢却(뇌각): 요구나 선물 따위를 굳이 물리침 牢獄(뇌옥): 죄인을 가둬 두는 곳		

양을 잃고 우리를 고침
▷ 이미 어떤 일을 실패한 뒤에 뉘우쳐도 소용이 없음

DAY
32

不恥下問 불치하문
切磋琢磨 절차탁마
麥秀之嘆 맥수지탄
明若觀火 명약관화
塞翁之馬 새옹지마

不恥下問
불 치 하 문

한자	훈·음	부수	획수
不	아니 **부/불**	一	4
恥	부끄러워할 **치**	心	10
	예 恥辱(치욕): 부끄럽고 욕됨 廉恥(염치): 조촐하고 깨끗하여 부끄러움을 아는 마음		
下	아래 **하**	一	3
	예 下落(하락): 물가 등이 떨어짐 下賜(하사): 왕이나 국가 원수 등이 아랫사람에게 금품(金品)을 줌		
問	물을 **문**	口	11
	예 問答(문답): 물음과 대답 問病(문병): 병자를 찾아보고 위로함		

아래에 묻는 것을 부끄러워하지 않음

▷ 손아랫사람이나 자기보다 지위가 낮은 사람에게 모르는 것을 묻는 일을 부끄러워하지 않음

切磋琢磨
절 차 탁 마

한자	훈·음	부수	획수
切	끊을 **절**	刀	4
	예 切斷(절단): 베거나 잘라 끊음 切親(절친): 매우 친함		
磋	갈 **차**	石	15
	예 磋礱(차롱): 갊 切磋(절차): 칼로 다듬고 줄로 쓺		
琢	쫄 **탁**	王	12
	예 琢句(탁구): 시문을 퇴고(推敲)함 琢磨(탁마): ① 옥이나 돌을 쪼고 가는 일 ② '학문이나 기예(技藝) 따위를 힘써 닦고 가는 일'의 비유		
磨	갈 **마**	石	16
	예 磨滅(마멸): 갈리어 닳아 없어짐 練磨(연마): 심신·지식·기술 따위를 갈고닦음		

옥이나 돌 등을 갈고 닦아서 빛을 냄
▷ 학문이나 덕행 등을 부지런히 배우고 닦음

麥秀之嘆
맥 수 지 탄

한자	훈·음	부수	획수
麥	보리 **맥**	麥	11
	예 麥飯(맥반): 보리밥 麥芽(맥아): ① 보리 싹 ② 엿기름		
秀	빼어날 **수**	禾	7
	예 秀才(수재): 학문이나 재능이 뛰어난 사람 優秀(우수): 여럿 중에 특히 뛰어남		
之	어조사 **지**		
嘆	탄식할 **탄**	口	14
	예 歎息(탄식): 한숨을 쉬며 한탄함 悲嘆(비탄): 슬퍼하며 탄식함		

보리가 무성한 것을 보고 탄식함
▷ 고국의 멸망을 한탄함

明若觀火
명 약 관 화

한자	훈·음	부수	획수
明	밝을 **명**	日	8
	예 明瞭(명료): 분명하고 똑똑함 明暗(명암): 밝음과 어두움		
若	같을 **약**	艹	9
	예 萬若(만약): 어쩌다가 若或(약혹): 혹시, 만일		
觀	볼 **관**	見	25
	예 觀光(관광): 다른 나라나 다른 지방의 문화·풍경 등을 구경함 觀察(관찰): 주의 깊게 살펴봄		
火	불 **화**	火	4
	예 火焰(화염): 불꽃 放火(방화): 불을 놓음, 불을 지름		

불을 보듯이 밝게 보임
▷ 불을 보듯이 분명하고 뻔함

塞翁之馬
새 옹 지 마

한자	훈·음	부수	획수
塞	변방 **새**, 막을 **색**	土	13
	예 要塞(요새): 국방상 중요한 지점에 구축한 방어 시설 梗塞(경색): 꽉 막힘		
翁	늙은이 **옹**	羽	10
	예 翁婿(옹서): 장인과 사위 老翁(노옹): 늙은이		
之	어조사 **지**		
馬	말 **마**	馬	10
	예 騎馬(기마): 말을 탐, 또는 타는 말 駿馬(준마): 잘 달리는 좋은 말		

변방 늙은이의 말
▷ 인생의 길흉화복은 변화가 많아서 예측하기 어려움

DAY 33

心心相印 심심상인

戀戀不忘 연연불망

髀肉之嘆 비육지탄

優柔不斷 우유부단

賊反荷杖 적반하장

心 心 相 印
심 심 상 인

한자	훈·음	부수	획수
心	마음 **심**	心	4
	예 心境(심경): 마음의 상태, 마음가짐 心性(심성): 본래 타고난 마음씨		
心	마음 **심**	心	4
	예 心情(심정): 마음속에 품은 생각과 감정 心證(심증): 마음속에 갖는 확신		
相	서로 **상**	目	9
	예 相殺(상쇄): 셈을 서로 비김 相互(상호): 피차간, 서로		
印	도장 **인**	卩	6
	예 印刷(인쇄): 문자·그림·사진 등을 종이 따위에 옮겨 찍어 여러 벌의 복제물을 만드는 일 捺印(날인): 도장을 찍음		

마음과 마음이 서로 도장을 찍음

▷ 말하지 않고 마음과 마음으로 뜻을 전함

戀戀不忘
연 연 불 망

한자	훈·음	부수	획수
戀	사모할 **련**	心	23
	예 戀歌(연가): 이성(異性)에 대한 사랑을 나타낸 노래 戀慕(연모): 사랑아녀 그리워함		
戀	사모할 **련**	心	23
	예 戀愛(연애): 남녀가 서로 그리워하는 사랑 失戀(실연): 사랑이 이루어지지 않음		
不	아니 **부/불**		
忘	잊을 **망**	心	7
	예 忘却(망각): 잊어버림 健忘症(건망증): 기억력의 부족으로 잘 잊어버리는 병증		

그리워하며 잊지 못함
▷ 그리워서 지우거나 잊지 못함

髀肉之嘆
비 육 지 탄

한자	훈·음	부수	획수
髀	넓적다리 **비**	骨	18
肉	고기 **육**	肉	6
	예 肉體(육체): 사람의 몸 血肉(혈육): ① 피와 살 ② 자기 소생의 자녀 ③ 부모와 자식, 형제자매 등 가까운 혈족		
之	어조사 **지**		
嘆	탄식할 **탄**	欠	15
	예 歎息(탄식): 한숨을 쉬며 한탄함 悲歎(비탄): 슬퍼하며 탄식함		

넓적다리의 살을 탄식함
▷ 재능을 발휘할 시기를 얻지 못하여 헛되이 세월만 보내는 것을 한탄함

優柔不斷
우 유 부 단

한자	훈·음	부수	획수
優	넉넉할 **우**	亻	17
	예 優待(우대): 넉넉히 잘 대우함 優良(우량): 여럿 가운데서 뛰어나게 좋음		
柔	부드러운 **유**	木	9
	예 柔順(유순): 온순하고 공손함 柔軟(유연): 부드럽고 연함		
不	아니 **부/불**		
斷	끊을 **단**	斤	18
	예 斷交(단교): ① 교제를 끊음 ② 국가 간의 외교 관계를 끊음 斷念(단념): 품었던 생각을 끊음		

부드럽기만 해서 끊지 못함
▷ 꾸물대며 망설이기만 하고 결단력이 없음

賊反荷杖
적 반 하 장

한자	훈·음	부수	획수
賊	도둑 **적**	貝	13
	예 盜賊(도적): 도둑 馬賊(마적): 말을 타고 다니며 노략질하던 도적의 무리		
反	돌이킬 **반**	又	4
	예 反亂(반란): 정권을 타도하기 위한 조직적인 폭력 활동 反目(반목): 서로 맞서서 미워함		
荷	연 **하**, 질 **하**	艹	11
	예 荷船(하선): 짐을 싣는 배 荷役(하역): 짐을 싣고 내리는 일		
杖	지팡이 **장**	木	7
	예 杖刑(장형): 곤장으로 볼기를 치던 형벌 竹杖(죽장): 대지팡이		

도둑이 도리어 매를 듦
▷ 잘못한 사람이 오히려 잘못 없는 사람을 나무라는 경우

DAY 34

靑出於藍 청출어람

虛張聲勢 허장성세

風樹之歎 풍수지탄

犬馬之勞 견마지로

姑息之計 고식지계

靑出於藍
청 출 어 람

한자	훈·음	부수	획수
靑	푸를 **청**	靑	8
	예 靑年(청년): 젊은이 靑春(청춘): 스무 살 안팎의 젊은 나이		
出	날 **출**	凵	5
	예 出嫁(출가): 처녀가 시집을 감 出生(출생): 사람이 태어남		
於	어조사 **어**		
藍	쪽 **람**	艹	18
	예 藍縷(남루): ① 해진 옷, 누더기 ② 옷이 해지고 때가 묻어 더러움 藍色(남색): 파랑과 보라의 중간색		

쪽에서 뽑아낸 푸른 물감이 쪽보다 더 푸름
▷ 후배나 제자가 선배나 스승보다 나음

虛張聲勢
허 장 성 세

한자	훈·음	부수	획수
虛	빌 **허**	虎	12
	예 虛妄(허망): 어이없고 허무함 虛勢(허세): 실상이 없는 기세		
張	베풀 **장**	弓	11
	예 張皇(장황): 번거롭고 긺 主張(주장): 자기의 의견을 내세움		
聲	소리 **성**	耳	17
	예 名聲(명성): 좋은 평판 聲價(성가): 좋은 소문이나 평판		
勢	기세 **세**	力	13
	예 勢力(세력): ① 권세의 힘 ② 현재 진행되는 힘이나 기세 氣勢(기세): 기운차게 내뻗는 형세		

헛되이 소리의 기세만 높임
▷ 실속 없이 큰소리치거나 허세를 부림

風樹之歎
풍 수 지 탄

한자	훈·음	부수	획수
風	바람 **풍**	風	9
	예 風景(풍경): 자연의 아름다운 모습 風霜(풍상): 바람과 서리, '세상의 모진 고난이나 고통'의 비유		
樹	나무 **수**	木	16
	예 樹木(수목): ① 나무를 심음 ② 나무 果樹(과수): 과실나무		
之	어조사 **지**		
歎	탄식할 **탄**	欠	15
	예 感歎(감탄): 마음에 느끼어 탄복(歎服)함 痛歎(통탄): 몹시 탄식함		

나무가 바람에 흔들림을 탄식함
▷ 어버이가 돌아가시어 효도하고 싶어도 효도할 수 없는 슬픔

犬馬之勞
견 마 지 로

한자	훈·음	부수	획수
犬	개 **견**	犬	4
	예 忠犬(충견): 주인에게 충실한 개 鬪犬(투견): 개를 싸움 붙임		
馬	말 **마**	馬	10
	예 馬脚(마각): 말의 다리 馬術(마술): 말을 타고 부리는 재주		
之	어조사 **지**		
勞	수고할 **로**	力	12
	예 勞苦(노고): 힘들여 애쓰는 수고 勞動(노동): 몸을 움직여 일을 함		

개나 말 정도의 하찮은 힘
▷ 윗사람에게 충성을 다하는 자신의 노력을 낮춤

姑息之計
고 식 지 계

한자	훈·음	부수	획수
姑	시어미 **고**	女	8
	예 姑母(고모): 아버지의 누이 姑婦(고부): 시어머니와 며느리		
息	숨쉴 **식**	心	10
	예 棲息(서식): 동물이 깃들어 삶 安息(안식): 편안하게 쉼		
之	어조사 **지**		
計	꾀 **계**	言	9
	예 計略(계략): 계획과 책략 計算(계산): 수량을 헤아림, 셈함		

부녀자가 꾸미는 잠시 쉬기 위한 계략
▷ 우선 당장 편한 것만을 택하는 꾀나 방법

DAY 35

矯角殺牛 교각살우

口尙乳臭 구상유취

難兄難弟 난형난제

登高自卑 등고자비

目不忍見 목불인견

矯角殺牛
교 각 살 우

한자	훈·음	부수	획수
矯	바로잡을 **교**	矢	17
	예 矯正(교정): 바로잡아 고침 矯風(교풍): 풍속(風俗)을 바로잡음		
角	뿔 **각**	角	7
	예 角逐(각축): 서로 이기려고 다툼 頭角(두각): ① 머리의 끝 ② 여럿 중 특히 뛰어난 학식이나 재능		
殺	죽일 **살**	殳	11
	예 殺氣(살기): 살벌한 기운 殺傷(살상): 죽이거나 상처를 입힘		
牛	소 **우**	牛	4
	예 牛步(우보): 소의 걸음, '느린 걸음, 또는 일의 진도가 느림'의 뜻 牽牛(견우): 독수리좌에서 가장 밝은 별		

소의 뿔을 바로잡으려다가 소를 죽임

▷ 결점을 고치려다가 그 방법이나 정도가 지나쳐 도리어 일을 그르침

口尚乳臭
구 상 유 취

한자	훈·음	부수	획수
口	입 **구**	口	3
	예 口腔(구강): 입안 口實(구실): 핑곗거리		
尙	오히려 **상**	小	8
	예 尙存(상존): 아직 존재함 崇尙(숭상): 높이어 소중히 여김		
乳	젖 **유**	乙	8
	예 乳兒(유아): 젖먹이 授乳(수유): 젖을 먹임		
臭	냄새 **취**	自	10
	예 臭氣(취기): 비위를 상하게 하는 좋지 않은 냄새 體臭(체취): ① 몸에서 나는 냄새 ② 그 사람의 독특한 기분이나 버릇		

입에서 아직 젖 냄새가 남
▷ 언행이 아직 유치함

難兄難弟
난 형 난 제

한자	훈·음	부수	획수
難	어려울 **난**	隹	19
	예 難關(난관): ① 지나가기가 어려운 관문 ② 뚫고 나가기 어려운 고비 難局(난국): 어려운 상황이나 국면		
兄	맏 **형**	儿	5
	예 兄夫(형부): 언니의 남편 兄弟(형제): 형과 아우		
難	어려울 **난**	隹	19
	예 難色(난색): 어려워하는 낯빛 難解(난해): 이해하기 어려움		
弟	아우 **제**	弓	7
	예 弟嫂(제수): 아우의 아내 師弟(사제): 스승과 제자		

누구를 형이라 하고 누구를 아우라 하기 어려움
▷ 둘이 비슷하여 낮고 못함의 정도를 정하기 어려움

登高自卑
등 고 자 비

한자	훈·음	부수	획수
登	오를 **등**	癶	12
	예 登校(등교): 학교에 출석함 登山(등산): 산에 오름		
高	높을 **고**	高	10
	예 高價(고가): 값이 비쌈 高揚(고양): 정신이나 기분 등을 드높임		
自	스스로 **자**	自	6
	예 自覺(자각): 스스로 깨달음 自治(자치): 자기 일을 자기 스스로 다스림		
卑	낮을 **비**	十	8
	예 卑屈(비굴): 용기가 없고 비겁함 卑賤(비천): 신분이 낮고 천함		

높은 곳에 오르려면 낮은 곳부터 올라야 함
▷ 모든 일에는 순서가 있으므로 일을 순서대로 해야 함

目不忍見
목 불 인 견

한자	훈·음	부수	획수
目	눈 **목**	目	5
	예 目擊(목격): 직접 자기의 눈으로 봄 目錄(목록): 어떤 물품의 이름을 일정한 순서대로 적은 것		
不	아니 **부/불**		
忍	참을 **인**	心	7
	예 忍苦(인고): 괴로움을 참음 殘忍(잔인): 인정이 없고 몹시 모짊		
見	볼 **견**	見	7
	예 見聞(견문): 보고 들음 見識(견식): 견문과 학식		

눈으로 참고 볼 수 없을 정도
▷ 눈앞에 벌어진 상황을 차마 눈 뜨고 볼 수 없음

DAY 36

傍若無人 방약무인
百尺竿頭 백척간두
捨生取義 사생취의
我田引水 아전인수
拈華微笑 염화미소

傍若無人
방 약 무 인

한자	훈·음	부수	획수
傍	곁 **방**	亻	12
	예 傍系(방계): 직계(直系)에서 갈라져 나온 계통 傍觀(방관): 그 일에 관계하지 않고 곁에서 보고만 있음		
若	같을 **약**	艹	9
	예 萬若(만약): 어쩌다가 若或(약혹): 혹시		
無	없을 **무**	灬	12
	예 無斷(무단): 신고나 허가 없이 제멋대로 행동함 無顔(무안): 볼 낯이 없음		
人	사람 **인**	人	2
	예 人格(인격): 말이나 행동 등에 나타나는 사람의 품격 人材(인재): 학식과 능력이 뛰어난 사람		

곁에 사람이 없는 것처럼 여김
▷ 곁에 사람이 없는 것처럼 아무 거리낌 없이 말하고 행동함

百尺竿頭
백 척 간 두

한자	훈·음	부수	획수
百	일백 **백**	白	6
	예 百姓(백성): 일반 국민 百穀(백곡): 온갖 곡식		
尺	자 **척**	尸	4
	예 尺度(척도): ① 자로 재는 길이의 표준 ② 무엇을 평가·판단하는 기준 咫尺(지척): 아주 가까운 거리		
竿	장대 **간**	竹	9
	예 釣竿(조간): 낚싯대		
頭	머리 **두**	頁	16
	예 頭目(두목): 나쁜 짓을 일삼는 무리의 우두머리 先頭(선두): 첫머리		

백 자나 되는 높은 장대 위에 오름
▷ 매우 위태롭고 어려운 지경

捨生取義
사 생 취 의

한자	훈·음	부수	획수
捨	버릴 **사**	手	11
	예 取捨(취사): 쓸 것은 취하고 버릴 것은 버림 喜捨(희사): 남을 위해 재물을 기꺼이 내놓음		
生	날 **생**	生	5
	예 生動(생동): 살아 움직임 生命(생명): 목숨		
取	취할 **취**	又	8
	예 取得(취득): 손에 넣음 爭取(쟁취): 싸워서 빼앗아 가짐		
義	옳을 **의**	羊	13
	예 義理(의리): 사람으로서 지켜야 할 올바른 도리 義務(의무): 마땅히 해야 할 직분		

목숨을 버리고 의를 좇음
▷ 생명을 포기하더라도 옳은 일을 함

我田引水
아 전 인 수

한자	훈·음	부수	획수
我	나 **아**	戈	7
	예 我軍(아군): 우리 편의 군사 我執(아집): 자기의 의견에만 사로잡힌 고집		
田	밭 **전**	田	5
	예 田畓(전답): 논과 밭 油田(유전): 석유(石油)가 나는 곳		
引	끌 **인**	弓	4
	예 誘引(유인): 남을 꾀어냄 引受(인수): 넘겨받음		
水	물 **수**	水	4
	예 水路(수로): 물이 흐르는 길 水深(수심): 물의 깊이		

자기 논에 물 대기
▷ 자기에게 이롭도록 생각하거나 행동함

拈華微笑
염 화 미 소

한자	훈·음	부수	획수
拈	집을 **념/점**	扌	8
華	꽃 **화**	艹	12
	예 華麗(화려): 빛나고 아름다움 榮華(영화): 귀하게 되어서 몸이 세상에 드러나고 이름이 빛남		
微	작을 **미**	彳	13
	예 微力(미력): ① 적은 힘 ② '자기의 노력이나 성의'의 겸칭 微細(미세): 매우 가늘고 작음		
笑	웃을 **소**	竹	10
	예 談笑(담소): 웃으면서 이야기함 嘲笑(조소): 조롱하여 비웃는 웃음		

연꽃을 잡고 미소를 지음
▷ 말로 통하지 않고 마음에서 마음으로 전하는 일

DAY 37

臨機應變 임기응변
朝三暮四 조삼모사
後生可畏 후생가외
螢雪之功 형설지공
針小棒大 침소봉대

臨 機 應 變
임 기 응 변

한자	훈·음	부수	획수
臨	임할 **림**	臣	17
	예 臨迫(임박): 시기나 사건 등이 가까이 닥쳐옴 臨終(임종): 죽을 때에 다다름		
機	베틀 **기**	木	16
	예 機械(기계): 동력(動力)으로 움직여 일정한 일을 하게 만든 장치 機會(기회): 일을 하기에 가장 적당한 시기		
應	응할 **응**	心	17
	예 應答(응답): 부름이나 물음에 응하는 대답 反應(반응): 자극이나 작용을 받아 일으키는 변화나 움직임		
變	변할 **변**	言	23
	예 變動(변동): 변하여 움직임 變化(변화): 사물의 형상이나 성질 같은 것이 달라짐		

어떤 일에도 적절하게 대응하고 변통함
▷ 그때그때 형편에 맞게 일을 결정하거나 처리함

朝三暮四
조 삼 모 사

한자	훈·음	부수	획수
朝	아침 **조**	月	12
	예 朝刊(조간): 아침에 발행되는 신문 朝飯(조반): 아침밥		
三	석 **삼**	一	3
暮	저물 **모**	日	15
	예 歲暮(세모): 한 해가 저물어 가는 때 日暮(일모): 날이 저묾.		
四	넉 **사**	口	5

아침에는 세 개, 저녁에는 네 개
▷ ① 당장 눈앞에 있는 차별만 알고 그 결과가 같은 것은 모름 ② 간사한 꾀로 남을 속여 희롱함

後生可畏
후 생 가 외

한자	훈·음	부수	획수
後	뒤 **후**	彳	9
	예 後輩(후배): 나이·지위·경력 따위가 아래인 사람 後退(후퇴): 뒤로 물러남		
生	날 **생**	生	5
	예 生計(생계): 살아갈 방도 生沒(생몰): 태어남과 죽음		
可	옳을 **가**	口	5
	예 可決(가결): 회의에서 안건이나 사항을 심의하여 가하다고 결정함 裁可(재가): 결재하여 허락함		
畏	두려워할 **외**	田	9
	예 畏敬(외경): 두려워하며 공경함 畏怖(외포): 두려워함		

젊은 후학들을 두려워할 만함
▷ 학문을 닦음에 있어 후배들이 선배들보다 뛰어날까 가히 두려움

螢雪之功
형 설 지 공

한자	훈·음	부수	획수
螢	개똥벌레 **형**	虫	16
	예 螢光(형광): ① 반딧불 ② 물체가 빛을 받았을 때 받은 빛과 전혀 다른 그 물체의 고유한 빛을 내는 현상		
雪	눈 **설**	雨	11
	예 雪景(설경): 눈 경치 雪原(설원): 눈에 뒤덮여 있는 벌판		
之	어조사 **지**		
功	공 **공**	力	5
	예 功過(공과): 공로와 과오 功勞(공로): 일에 애쓴 공적		

반딧불, 눈빛에 비추어 공부를 함
▷ 고생을 하며 꾸준히 공부함

針小棒大
침 소 봉 대

한자	훈·음	부수	획수
針	바늘 **침**	金	10
	예 毒針(독침): 독을 바른 침 方針(방침): 방향을 가리키는 지남침(指南針), '무슨 일을 해 나가는 계획과 방향'을 이름		
小	작을 **소**	小	3
	예 小兒(소아): 어린아이 縮小(축소): 규모를 줄여 작게 함		
棒	몽둥이 **봉**	木	12
	예 棍棒(곤봉): 짤막한 나무 방망이 鐵棒(철봉): 쇠몽둥이		
大	큰 **대**	大	3
	예 大膽(대담): 용감하고 담력이 셈 大成(대성): 크게 이룸		

바늘만 한 것을 보고 몽둥이만 하다고 함
▷ 작은 일을 과장하여 말함

DAY 38

刻苦勉勵 각고면려

艱難辛苦 간난신고

甲男乙女 갑남을녀

去頭截尾 거두절미

格物致知 격물치지

124

刻苦勉勵
각 고 면 려

한자	훈·음	부수	획수
刻	새길 **각**	刂	8
	예 刻印(각인): 도장을 새김 刻薄(각박): 혹독하고 인정이 없음		
苦	괴로울 **고**	艹	9
	예 苦難(고난): 괴로움과 어려움 苦心(고심): 애를 씀		
勉	힘쓸 **면**	力	9
	예 勉學(면학): 학문에 힘씀 勤勉(근면): 부지런히 힘씀		
勵	힘쓸 **려**	力	17
	예 激勵(격려): 용기나 의욕을 북돋아 줌 督勵(독려): 감독하고 격려함		

고생을 견디며 힘써 노력함
▷ 무척 애를 쓰며 부지런히 노력함

艱難辛苦
간 난 신 고

한자	훈·음	부수	획수
艱	어려울 **간**	艮	17
	예 艱難(간난): 괴롭고 고생스러움 艱辛(간신): 힘들고 고생스러움		
難	어려울 **난**	隹	19
	예 難關(난관): ① 지나가기가 어려운 관문 ② 뚫고 나가기 어려운 고비 難民(난민): 전쟁이나 재난을 피하여 떠돌아다니며 고생하는 사람		
辛	매울 **신**	辛	7
	예 辛辣(신랄): ① 맛이 몹시 매움 ② 몹시 가혹하고 매서움 辛勝(신승): 고생스럽게 간신히 이김		
苦	괴로울 **고**	艹	9
	예 苦悶(고민): 마음속으로 괴로워함 苦心(고심): 애를 씀		

고되고 어려우며 맵고 씀
▷ 몹시 힘들고 어려우며 고생스러움

甲男乙女
갑 남 을 녀

한자	훈·음	부수	획수
甲	갑옷 **갑**	田	5
	예 甲殼(갑각): 게나 새우 따위와 같은 동물의 단단한 껍데기 甲富(갑부): 첫째가는 부자		
男	사내 **남**	田	7
	예 男妹(남매): 오누이 男便(남편): 지아비		
乙	새 **을**	乙	1
	예 乙時(을시): 이십사시의 여덟째 시로 상오 6시30분~7시30분		
女	여자 **녀**	女	3
	예 女權(여권): 여성의 권리 女流(여류): '전문적인 일에 능숙한 여성'을 이름		

갑이라는 남자와 을이라는 여자
▷ 평범한 사람들

去頭截尾
거 두 절 미

한자	훈·음	부수	획수
去	갈 **거**	ㅿ	5
	例 去來(초래): 상품을 사고팔거나 금전을 주고받는 일 過去(과거): 지나간 때		
頭	머리 **두**	頁	16
	例 頭目(두목): 나쁜 짓을 일삼는 무리의 우두머리 先頭(선두): 첫머리, 맨 앞		
截	끊을 **절**	戈	14
	例 截斷(절단): 자름 截取(절취): 도려냄		
尾	꼬리 **미**	尸	7
	例 尾行(미행): 몰래 남의 뒤를 밟음 末尾(말미): 끝부분		

머리와 꼬리는 잘라 버림
▷ 어떤 일의 요점만 간단히 말함

格物致知
격 물 치 지

한자	훈·음	부수	획수
格	격식 **격**	木	10
	例 格言(격언): 사리에 맞아 교훈이나 경계가 될 만한 짧은 말 格式(격식): 격에 어울리는 법식		
物	만물 **물**	牛	8
	例 物價(물가): 물건 값 物情(물정): 세상의 사물이나 인심		
致	이를 **치**	至	10
	例 致富(치부): 재물을 모아 부자가 됨 致死(치사): 죽음에 이르게 함		
知	알 **지**	矢	8
	例 知覺(지각): 앎, 깨달음 知能(지능): 지식과 재능		

사물의 이치를 바탕으로 앎에 이름
▷ 사물에 대한 이치를 연구하여 지식에 이름

DAY 39

犬猿之間 견원지간

輕擧妄動 경거망동

季布一諾 계포일낙

苦盡甘來 고진감래

教學相長 교학상장

犬猿之間
견 원 지 간

한자	훈·음	부수	획수
犬	개 **견**	犬	4
	📖 忠犬(충견): 주인에게 충실한 개 鬪犬(투견): 개를 싸움 붙임		
猿	원숭이 **원**	犭	13
	📖 猿猴(원후): 원숭이 類人猿(유인원): 성성이과 동물의 총칭으로 영장류 중 사람과 가장 비슷함		
之	갈 **지**		
間	사이 **간**	門	12
	📖 間隔(간격): 물건과 물건이 떨어져 있는 사이 間言(간언): 이간하는 말		

개와 원숭이의 사이
▷ 사이가 매우 나쁜 두 관계

輕擧妄動
경 거 망 동

한자	훈·음	부수	획수
輕	가벼울 **경**	車	14
	예 輕減(경감): 덜어서 가볍게 함 輕蔑(경멸): 가볍게 보고 업신여김		
擧	들 **거**	手	18
	예 擧名(거명): 어떤 사람의 이름을 들어 말함 擧兵(거병): 군사를 일으킴		
妄	망령될 **망**	女	6
	예 妄發(망발): 망령이나 실수로 그릇되게 하는 말이나 행동 妄言(망언): 망령된 말		
動	움직일 **동**	力	11
	예 動態(동태): 움직여 변해 가는 상태 擧動(거동): 몸을 움직이는 짓이나 태도		

가볍고 망령된 행동
▷ 경솔하여 생각없이 망령되게 행동함

季布一諾
계 포 일 낙

한자	훈·음	부수	획수
季	계절 **계**	子	8
	예 季刊(계간): 일년에 네 번, 철 따라 발행하는 출판물 季節(계절): 한 해를 날씨에 따라 나눈 그 한 철		
布	베 **포**	巾	5
	예 布告(포고): 국가의 결정 의사를 공식으로 일반에게 알림 毛布(모포): 담요		
一	한 **일**	一	1
諾	허락할 **낙**	言	16
	예 受諾(수락): 요구를 받아들여 승낙함 許諾(허락): 청하고 바라는 바를 들어줌		

계포가 한 하나의 약속
▷ 절대로 틀림없는 승낙

苦盡甘來

고　진　감　래

한자	훈·음	부수	획수
苦	괴로울 **고**	艹	9
	예 **苦戰**(고전): 몹시 고생스럽고 힘든 싸움 **苦衷**(고충): 괴로운 심정		
盡	다할 **진**	皿	14
	예 **盡心**(진심): 마음을 다함 **極盡**(극진): 더할 수 없이 지극함		
甘	달 **감**	甘	5
	예 **甘受**(감수): 달게 받음 **甘酒**(감주): 단술		
來	올 **래**	人	8
	예 **來訪**(내방): 찾아옴 **將來**(장래): 장차 올 앞날		

쓴 것이 다하면 단 것이 옴
▷ 고생 끝에 즐거움이 옴

教學相長

교　학　상　장

한자	훈·음	부수	획수
教	가르칠 **교**	攵	11
	예 **敎理**(교리): 종교상의 이치나 원리 **敎鞭**(교편): 학생을 가르칠 때 교사가 쓰는 회초리		
學	배울 **학**	子	16
	예 **學界**(학계): 학자들의 사회 **學校**(학교): 교육하는 기관		
相	서로 **상**	目	9
	예 **相關**(상관): 서로 관련을 가짐 **相逢**(상봉): 서로 만남		
長	길 **장**	長	8
	예 **長技**(장기): 뛰어난 기술 **長短**(장단): ① 긴 것과 짧은 것 ② 장점과 단점		

가르침과 배움이 서로 성장시켜 줌
▷ 가르쳐 주거나 배우는 일이 모두 자신의 학업을 증진시켜 줌

權謀術數 권모술수
南柯一夢 남가일몽
累卵之勢 누란지세
簞食瓢飲 단사표음
大同小異 대동소이

權 謀 術 數
권 모 술 수

한자	훈·음	부수	획수
權	권세 **권**	木	22
	예 權利(권리): 합법적으로 보장된 자격 權威(권위): 절대적인 것으로서 남을 복종시키는 힘		
謀	꾀할 **모**	言	16
	예 謀議(모의): 어떤 일을 하려고 꾀하고 의논함 圖謀(도모): 앞으로 할 일을 위하여 수단과 방법을 꾀함		
術	재주 **술**	行	11
	예 技術(기술): 어떤 일을 솜씨 있게 해내는 재간 武術(무술): 무도(武道)에 관한 기술		
數	셀 **수**, 수 **수**, 자주 **삭**, 촘촘할 **촉**	攵	15
	예 數式(수식): 수나 양을 나타내는 숫자나 문자를 계산 기호로 쓴 식 數爻(수효): 사물의 낱낱의 수		

권세, 모략, 술수
▷ 목적을 이루기 위해 수단 방법 가리지 않고 쓰는 술책

南柯一夢
남 가 일 몽

한자	훈·음	부수	획수
南	남녘 **남**	十	9
	예 南道(남도): 경기도 이남 지방 南蠻(남만): 남쪽 오랑캐		
柯	가지 **가**	木	9
	예 柯葉(가엽): 가지와 잎		
一	한 **일**	一	1
夢	꿈 **몽**	夕	14
	예 夢想(몽상): 실현성이 없는 헛된 생각 解夢(해몽): 꿈의 길흉을 판단함		

남쪽 나뭇가지에서의 꿈
▷ 꿈과 같이 헛된 한때의 부귀영화

累卵之勢
누 란 지 세

한자	훈·음	부수	획수
累	여러 **루**	糸	11
	예 累積(누적): 포개어 쌓음, 또는 포개져 쌓임 累進(누진): 수량이나 가격이 많아짐에 따라 그에 대한 비율도 높아지는 일		
卵	알 **란**	卩	7
	예 累卵(누란): 쌓아 놓은 여러 개의 알, '매우 위태로운 형국'의 비유 産卵(산란): 알을 낳음		
之	어조사 **지**		
勢	형세 **세**	力	13
	예 權勢(권세): 권력과 세력 情勢(정세): 일이 되어 가는 형세		

층층이 쌓아 놓은 알의 형세
▷ 몹시 위태로운 형세

簞食瓢飮
단 사 표 음

한자	훈·음	부수	획수
簞	대광주리 **단**	竹	18
食	밥 **식**, 먹일 **사** 예 食器(식기): 음식을 담는 그릇 食慾(식욕): 음식을 먹고 싶은 욕구	食	9
瓢	표주박 **표** 예 簞瓢(단표): 도시락과 표주박	瓜	16
飮	마실 **음** 예 飮料(음료): '마실 것'의 총칭 飮酒(음주): 술을 마심	食	13

대나무로 만든 밥그릇의 밥과 표주박에 든 물
▷ 청빈하고 소박한 생활

大同小異
대 동 소 이

한자	훈·음	부수	획수
大	큰 **대** 예 大膽(대담): 용감하고 담력이 셈 大成(대성): 크게 이룸	大	3
同	한가지 **동** 예 同感(동감): 의견이나 견해에 있어 같이 생각함 混同(혼동): 뒤섞음	口	6
小	작을 **소** 예 小兒(소아): 어린아이 狹小(협소): 좁고 작음	小	3
異	다를 **이** 예 異見(이견): 남과 다른 의견이나 견해 異變(이변): 괴이한 변고	田	11

크게 보면 같고 작게 보면 다름
▷ 거의 같음

DAY 41

頓悟漸修 돈오점수
莫上莫下 막상막하
亡羊之歎 망양지탄
斑衣之戲 반의지희
傾國之色 경국지색

頓悟漸修
돈 오 점 수

한자	훈·음	부수	획수
頓	조아릴 **돈**	頁	13
	예 **頓悟**(돈오): 갑자기 깨달음 **整頓**(정돈): 가지런히 바로잡음		
悟	깨달을 **오**	忄	10
	예 **悟性**(오성): ① 영리한 천성 ② 합리적으로 생각하는 능력 **覺悟**(각오): ① 깨달음 ② 앞으로 닥쳐올 일에 대한 마음의 준비		
漸	점점 **점**	氵	14
	예 **漸增**(점증): 점점 많아짐 **漸進**(점진): 순서대로 차차 나아감		
修	닦을 **수**	亻	10
	예 **修交**(수교): 나라와 나라 사이에 교제를 맺음 **修學**(수학): 학업을 닦음		

갑자기 깨닫기 위해 점점 닦음
▷ 갑자기 깨달음에 이르기 위해서는 점진적인 수행이 필요함

莫上莫下
막 상 막 하

한자	훈·음	부수	획수
莫	없을 **막**	艹	11
	예 **莫强**(막강): 더할 나위 없이 강함 **莫大**(막대): 더할 수 없이 큼		
上	위 **상**	一	3
	예 **上客**(상객): 자기보다 지위가 높은 손 **上疏**(상소): 임금에게 글을 올림		
莫	없을 **막**	艹	11
	예 **莫逆**(막역): 뜻이 맞아 허물이 없음 **莫重**(막중): 아주 귀중함		
下	아래 **하**	一	3
	예 **下降**(하강): 높은 데서 낮은 데로 내려옴 **下向**(하향): 위에서 아래쪽으로 향함		

위와 아래를 구별할 수 없음
▷ 더 낫고 더 못함의 차이가 거의 없음

134

亡羊之歎
망 양 지 탄

한자	훈·음	부수	획수
亡	망할 **망**	亠	3
	예 **亡國**(망국): 망한 나라 **亡身**(망신): 잘못을 저질러 자신의 체면이나 명예 등을 망침		
羊	양 **양**	羊	6
	예 **羊腸**(양장): 양의 창자, '구불구불 구부러진 것'의 비유 **牧羊**(목양): 양을 치거나 놓아 기름		
之	어조사 **지**		
歎	탄식할 **탄**	欠	15
	예 **歎服**(탄복): 참으로 훌륭하다고 감탄하여 마음으로 따름 **歎息**(탄식): 한탄하며 한숨을 쉼		

잃어버린 양을 찾을 길이 없어 탄식함
▷ 학문의 길이 여러 갈래여서 한 갈래의 진리도 얻기 어려움

斑衣之戲
반 의 지 희

한자	훈·음	부수	획수
斑	얼룩질 **반**	文	12
	예 斑白(반백): 희끗희끗하게 센 머리털, 또는 그런 사람 斑點(반점): 얼룩얼룩한 점		
衣	옷 **의**	衣	6
	예 衣服(의복): 옷 衣食(의식): 의복과 음식		
之	어조사 **지**		
戲	희롱할 **희**	戈	16
	예 戲弄(희롱): 말이나 행동으로 실없이 놀리는 일 遊戲(유희): 일정한 방법에 의하여 재미있게 노는 놀이		

고까옷을 입고 하는 놀이
▷ 늙어서 효도함

傾國之色
경 국 지 색

한자	훈·음	부수	획수
傾	기울 **경**	亻	13
	예 傾斜(경사): 비스듬히 기울어짐 傾向(경향): 사상이나 행동이 일정한 방향으로 기울어지는 일		
國	나라 **국**	囗	11
	예 國家(국가): 나라 國論(국론): 나라 안의 공론		
之	어조사 **지**		
色	빛 **색**	色	6
	예 色盲(색맹): 빛깔을 구별하지 못하는 상태, 또는 그런 사람 色彩(색채): 빛깔		

임금이 혹하여 나라가 기울어져도 모를 정도의 미인
▷ 뛰어나게 아름다운 미인

本末顚倒 본말전도
不問曲直 불문곡직
砂上樓閣 사상누각
桑田碧海 상전벽해
生者必滅 생자필멸

本 末 顚 倒
본 말 전 도

한자	훈·음	부수	획수
本	근본 **본**	木	5
	예 本能(본능): 타고난 성능 또는 능력 本意(본의): 본뜻, 진정한 마음		
末	끝 **말**	木	5
	예 末年(말년): 인생의 마지막 무렵 末端(말단): 맨 끄트머리		
顚	정수리 **전**	頁	19
	예 顚末(전말): 일의 처음부터 끝까지 진행되어 온 경위 顚覆(전복): 뒤집어엎음		
倒	넘어질 **도**	亻	10
	예 倒産(도산): 재산을 다 써 없앰 倒置(도치): 순서를 뒤바꾸어 둠		

근본과 끝이 뒤집어짐
▷ 일의 처음과 끝이 거꾸로 됨

不問曲直
불 문 곡 직

한자	훈·음	부수	획수
不	아니 **부/불**		
問	물을 **문**	口	11
	예 問答(문답): 물음과 대답 問喪(문상): 남의 죽음에 애도의 뜻을 표함		
曲	굽을 **곡**	曰	6
	예 曲線(곡선): 구부러진 선 曲直(곡직): ① 굽음과 곧음 ② 사리의 옳고 그름		
直	곧을 **직**	目	8
	예 直感(직감): 사물을 접촉하였을 때 순간적으로 판단하는 느낌 直視(직시): 똑바로 내쏘아 봄		

굽어 있는지 곧은지 묻지 않음
▷ 옳고 그름을 따지지 않음

砂上樓閣
사 상 누 각

한자	훈·음	부수	획수
砂	모래 **사**	石	9
	예 砂漠(사막): 모래나 자갈로 뒤덮여 식물이 거의 없는 넓은 지대 砂金(사금): 모래나 자갈에 섞여 나오는 금(金)		
上	위 **상**	一	3
	예 上廻(상회): 어떤 수량(數量)이나 기준(基準)을 웃돎 浮上(부상): 물 위로 떠오름		
樓	다락 **루**	木	15
	예 樓閣(누각): 사방을 바라볼 수 있게 높이 지은 다락집 望樓(망루): 망을 보기 위하여 세운 높은 다락집		
閣	누각 **각**	門	14
	예 閣僚(각료): 내각(內閣)을 구성하는 각 부의 장관들 殿閣(전각): 궁전과 누각		

모래 위에 세운 누각
▷ 기초가 약해 오래 견디지 못함

桑田碧海
상 전 벽 해

한자	훈·음	부수	획수
桑	뽕나무 **상**	木	10
	예 桑椹(상심): 뽕나무의 열매 桑梓(상재): 뽕나무와 가래나무, '고향'를 이름		
田	밭 **전**	田	5
	예 田畓(전답): 논과 밭 田園(전원): ① 논밭과 동산 ② 시골		
碧	푸를 **벽**	石	14
	예 碧眼(벽안): 눈동자가 푸른 눈 碧空(벽공): 푸른 하늘		
海	바다 **해**	氵	10
	예 海難(해난): 항해 중 만나는 재난 海流(해류): 바닷물의 흐름		

뽕나무 밭이 푸른 바다로 변함
▷ 세상일의 변천이 심함

生者必滅
생 자 필 멸

한자	훈·음	부수	획수
生	날 **생**	生	5
	예 蒼生(창생): 세상의 모든 백성 生存(생존): 살아서 생명을 유지함		
者	놈 **자**	耂	9
	예 亡者(망자): 죽은 사람 識者(식자): 식견이 있는 사람		
必	반드시 **필**	心	5
	예 必讀(필독): 꼭 읽어야 함 必須(필수): 꼭 있어야 함		
滅	멸할 **멸**	氵	13
	예 滅亡(멸망): 망하여 없어짐 滅種(멸종): 씨가 없어짐		

태어난 것은 반드시 죽음
▷ 생명이 있는 것은 반드시 죽는 무상함

笑裏藏刀 소리장도

水魚之交 수어지교

黍離之歎 서리지탄

魚魯不辨 어로불변

掩耳盜鈴 엄이도령

笑 裏 藏 刀
소 리 장 도

한자	훈·음	부수	획수
笑	웃을 **소**	竹	10
	예 談笑(담소): 웃으면서 이야기함 微笑(미소): 소리를 내지 아니하고 살짝 웃는 웃음		
裏	속 **리**	衣	13
	예 裏面(이면): ① 속 ② 겉으로 드러나지 않은 속사정 腦裏(뇌리): 머릿속		
藏	감출 **장**	艹	18
	예 藏書(장서): 책을 간직하여 둠, 또는 그 책 貯藏(저장): 물건을 모아서 간수함		
刀	칼 **도**	刀	2
	예 短刀(단도): 짤막한 칼 執刀(집도): ① 칼을 잡음 ② 수술 등을 위하여 메스를 잡음		

웃는 마음속에 칼이 있음
▷ 겉으로는 웃고 있으나 마음속에는 해칠 마음을 품고 있음

水魚之交
수 어 지 교

한자	훈·음	부수	획수
水	물 **수**	水	4
	예 水深(수심): 물의 깊이 水害(수해): 홍수로 말미암은 재해		
魚	물고기 **어**	魚	11
	예 稚魚(치어): 새끼 물고기 養魚(양어): 물고기를 길러 번식(繁殖)시킴		
之	어조사 **지**		
交	사귈 **교**	亠	6
	예 交叉(교차): 가로세로로 엇갈림 交換(교환): 서로 바꿈		

물이 없으면 살 수 없는 물고기와 물의 관계
▷ 매우 친밀하게 사귀어 떨어질 수 없는 사이

黍離之歎
서 리 지 탄

한자	훈·음	부수	획수
黍	기장 **서**	黍	12
	예 黍穀(서곡): 조·수수·옥수수 따위의 잡곡 黍粟(서속): 기장과 조		
離	떠날 **리**	隹	19
	예 離陸(이륙): 비행기가 날기 위해 땅에서 떠오름 離散(이산): 떨어져 흩어짐		
之	어조사 **지**		
歎	탄식할 **탄**	欠	15
	예 歎息(탄식): 한탄하며 한숨을 쉼 慨歎(개탄): 분하게 여기어 탄식함		

나라가 멸망하여 옛 궁궐터에 기장만이 무성함을 탄식함
▷ 세상의 영고성쇠가 무상함을 탄식함

魚魯不辨
어 로 불 변

한자	훈·음	부수	획수
魚	물고기 **어**	魚	11
	예 魚網(어망): 물고기를 잡는 그물 魚雷(어뢰): 자동 장치로 물속을 전진하여 적의 함대를 공격하는 폭탄		
魯	둔할 **로**	魚	15
	예 魯鈍(노둔): 어리석고 둔함		
不	아니 **부/불**		
辨	분별할 **변**	辛	16
	예 辨別(변별): 서로 다른 점을 구별함 辨證(변증): 변별하여 증명함		

'어' 자와 '로' 자를 분별하지 못함
▷ 아주 무식함

掩耳盜鈴
엄 이 도 령

한자	훈·음	부수	획수
掩	가릴 **엄**	扌	11
	예 掩襲(엄습): 뜻하지 못한 사이에 갑자기 습격함 掩蔽(엄폐): 덮어서 숨김		
耳	귀 **이**	耳	6
	예 耳目(이목): ① 귀와 눈 ② 남들의 주목(注目) 耳順(이순): '60세'를 뜻함		
盜	도둑 **도**	皿	12
	예 盜掘(도굴): 고분(古墳) 따위를 몰래 파헤쳐 부장품을 훔치는 일 盜難(도난): 물건을 도둑맞는 재난		
鈴	방울 **령**	金	13
	예 搖鈴(도령): 손에 쥐고 흔들어 소리 내는 방울 모양의 작은 종		

귀를 막고 방울을 훔침
▷ 모든 사람이 잘못을 알고 있는데 얕은 꾀로 다른 사람을 속이려 함

炎涼世態 염량세태

吾不關焉 오불관언

欲速不達 욕속부달

流言蜚語 유언비어

一敗塗地 일패도지

炎涼世態
염 량 세 태

한자	훈·음	부수	획수
炎	불꽃 **염**	火	8
	예 炎症(염증): 세균이나 독소 등의 작용으로 붓고 아픈 병 暴炎(폭염): 매우 심한 더위		
涼	서늘할 **량**	冫	10
	예 納凉(납량): 여름에 더위를 피하여 서늘한 바람을 쐼 淸凉(청량): 맑고 서늘함		
世	대 **세**	一	5
	예 世態(세태): 세상의 평편이나 상태 世代(세대): 약 30년을 한 구분으로 하는 연령층		
態	모양 **태**	心	14
	예 態度(태도): 몸가짐의 모양이나 맵시 態勢(태세): 갖추어진 태도와 자세		

뜨거웠다가 서늘해지는 세태
▷ 세력이 있을 때는 아첨하며 따르고 세력이 없어지면 푸대접하는 세상 인심

吾不關焉
오 불 관 언

한자	훈·음	부수	획수
吾	나 오	口	7
	예 吾等(오등): 우리들 吾兄(오형): '나의 형'이라는 뜻으로, 벗을 친밀하게 부르는 말		
不	아니 **부/불**		
關	빗장 **관**	門	19
	예 關鍵(관건): ① 빗장과 자물쇠 ② 문제 해결을 위해 꼭 있어야 하는 것 關門(관문): ① 지난날 국경이나 교통 요지에 설치하였던 문 ② 중요한 길목이나 반드시 거쳐야 할 과정		
焉	어찌 **언**	灬	11
	예 終焉(종언): ① 일생이 끝남, 죽음 ② 하던 일이 끝장남		

나는 어떤 것에도 관어하지 않음
▷ 나는 그 일에 상관하지 않음

欲速不達
욕 속 부 달

한자	훈·음	부수	획수
欲	하고자할 **욕**	欠	11
	예 欲求(욕구): 무엇을 얻거나 무슨 일을 하고자 바라고 원함 欲望(욕망): 무엇을 하거나 가지고자 바람		
速	빠를 **속**	辶	11
	예 速斷(속단): 성급하게 판단함 急速(급속): 몹시 빠르거나 급함		
不	아니 **부/불**		
達	통달할 **달**	辶	13
	예 達辯(달변): 말이 능숙함, 또는 능란한 말솜씨 達人(달인): 어떤 분야에 통달한 사람		

빠르게 하면 도달하지 못함
▷ 일을 빨리 하고자 하면 도리어 이루지 못함

流言蜚語
유 언 비 어

한자	훈·음	부수	획수
流	흐를 **류**	氵	9
	예 流行(유행): 세상에 널리 행하여짐 流出(유출): 밖으로 흘러나보거나 흘러나감		
言	말씀 **언**	言	7
	예 言及(언급): 말이 어떤 문제에 미침 言辯(언변): 말솜씨		
蜚	바퀴 **비**	虫	14
	예 蜚騰(비등): 높이 날아오름 蜚蠊(비렴): 바퀴벌레		
語	말씀 **어**	言	14
	예 語感(어감): 말소리 또는 말투에 따라 말이 주는 느낌 語錄(어록): 위인이나 유명인의 말들을 모은 기록		

흐르며 돌아다니는 말
▷ 아무 근거 없이 널리 퍼진 소문

一敗塗地
일 패 도 지

한자	훈·음	부수	획수
一	한 **일**	一	1
敗	패할 **패**	攵	11
	예 敗亡(패망): 전쟁에 져서 망함 惜敗(석패): 아깝게 짐		
塗	바를 **도**	土	13
	예 塗褙(도배): 벽 따위를 종이로 바름 糊塗(호도): 일시적으로 흐리터분하게 얼버무려 넘김		
地	땅 **지**	土	6
	예 地帶(지대): 한정된 일정한 구역 地域(지역): 일정한 범위의 땅		

싸움에 한 번 패하여 간과 뇌가 바닥에 으깨어짐
▷ 싸움에서 한 번 패하여 다시 일어날 수 없게 됨

**DAY
45**

自繩自縛 자승자박

張三李四 장삼이사

轉禍爲福 전화위복

朝變夕改 조변석개

走馬加鞭 주마가편

自 繩 自 縛
자 승 자 박

한자	훈·음	부수	획수
自	스스로 **자**	自	6
	예 自覺(자각): 스스로 깨달음 自動(자동): 제힘으로 움직임		
繩	노 **승**	糸	19
	예 繩矩(승구): ① 먹줄과 곡척(曲尺) ② 모범, 규범, 법도 捕繩(포승): 죄인을 결박하는 줄		
自	스스로 **자**	自	6
	예 自肅(자숙): 스스로 삼감 自處(자처): 스스로 그렇게 처신함		
縛	묶을 **박**	糸	16
	예 結縛(결박): 단단히 동이어 묶음 束縛(속박): ① 다발로 묶음 ② 자유를 빼앗음		

자신의 줄로 자신의 몸을 묶음
▷ 자기가 한 말과 행동에 자기 스스로 얽혀 곤란하게 됨

張三李四
장 삼 이 사

한자	훈·음	부수	획수
張	베풀 **장**	弓	11
	例 張皇(장황): 번거롭고 긺 主張(주장): 자기의 의견을 내세움		
三	석 **삼**	一	3
李	오얏 **리**	木	7
	例 桃李(도리): 복숭아나무와 자두나무 行李(행리): 관청의 사자(使者), 또는 빈객(賓客)을 맞던 벼슬		
四	넉 **사**	口	5

장씨의 셋째 아들과 이씨의 넷째 아들
▷ 평범한 사람들

轉禍爲福
전 화 위 복

한자	훈·음	부수	획수
轉	구를 **전**	車	18
	例 轉嫁(전가): 자기의 허물이나 책임을 남에게 덮어씌움 轉勤(전근): 근무처를 옮김		
禍	재앙 **화**	示	14
	例 禍根(화근): 재앙의 근원 慘禍(참화): 끔찍한 재앙		
爲	할 **위**	爪	12
	例 偉人(위인): 사람됨 行爲(행위): 행하는 일		
福	복 **복**	示	14
	例 祝福(축복): 행복을 축원함 幸福(행복): 생활에서 충분히 만족하여 즐거운 상태		

재앙이 바뀌어 복이 됨
▷ 재앙이나 근심과 걱정이 바뀌어 오히려 복이 됨

朝變夕改
조 변 석 개

한자	훈·음	부수	획수
朝	아침 **조**	月	12
	예 **朝飯**(조반): 아침밥 **早朝**(조조): 이른 아침		
變	변할 **변**	言	23
	예 **變更**(변경): 바꾸어 고침 **變動**(변동): 변하여 움직임		
夕	저녁 **석**	夕	3
	예 **夕陽**(석양): ① 저녁 해 ② 저녁나절 **朝夕**(조석): 아침과 저녁		
改	고칠 **개**	攵	7
	예 **改善**(개선): 잘못을 고쳐 좋게 함 **改悛**(개전): 잘못을 뉘우치고 마음을 바르게 고쳐먹음		

아침저녁으로 뜯어고침
▷ 어떤 결정이나 계획 등을 일관성 없이 자주 고침

走馬加鞭
주 마 가 편

한자	훈·음	부수	획수
走	달릴 **주**	走	7
	예 **走力**(주력): 달리는 힘 **奔走**(분주): 마구 달림, '몹시 바쁨'의 비유		
馬	말 **마**	馬	10
	예 **騎馬**(기마): 말을 탐, 또는 타는 말 **駿馬**(준마): 잘 달리는 좋은 말		
加	더할 **가**	力	5
	예 **加減**(가감): 보탬과 뺌 **加入**(가입): 단체나 조직에 들어감		
鞭	채찍 **편**	革	18
	예 **鞭撻**(편달): 채찍으로 때림, '일깨워 주고 격려하여 줌'을 이름 **敎鞭**(교편): 교사가 학생을 가르칠 때 쓰는 회초리		

달리는 말에 채찍질함
▷ 잘하는 사람을 더욱 장려함

DAY 46

惻隱之心 측은지심
兎死狗烹 토사구팽
下石上臺 하석상대
兄友弟恭 형우제공
厚顔無恥 후안무치

惻隱之心
측 은 지 심

한자	훈·음	부수	획수
惻	슬퍼할 **측**	忄	12
	예 惻怛(측달): 불쌍히 여겨 슬퍼함 惻隱(측은): 가엾고 애처로움		
隱	숨을 **은**	阝	17
	예 隱居(은거): 세상을 피하여 숨어 삶 隱身(은신): 피하여 몸을 숨김		
之	어조사 **지**		
心	마음 **심**	心	4
	예 心境(심경): 마음의 상태 心身(심신): 마음과 몸		

슬퍼하고 근심하는 마음
▷ 불쌍히 여기는 마음

兎死狗烹
토　사　구　팽

한자	훈·음	부수	획수
兎	토끼 **토**	儿	8
	예 兎影(토영): 달그림자 狡兎(교토): 교활한 토끼		
死	죽을 **사**	歹	6
	예 死境(사경): 죽게 된 지경 死亡(사망): 죽음		
狗	개 **구**	犭	8
	예 走狗(주구): ① 사냥할 때 부리는 잘 달리는 개 ② 남의 앞잡이 노릇을 하는 사람의 비유 黃狗(황구): 털빛이 누른 개		
烹	삶을 **팽**	灬	11
	예 烹茶(팽다): 차를 달임		

토끼 사냥을 마치면 사냥개를 삶아 먹음
▷ 필요할 때는 쓰고 필요 없을 때는 야박하게 버림

下石上臺
하　석　상　대

한자	훈·음	부수	획수
下	아래 **하**	一	3
	예 下降(하강): 높은 데서 낮은 데로 내려옴 下落(하락): 물가 등이 떨어짐		
石	돌 **석**	石	5
	예 石材(석재): 토목·건축·조각 따위의 재료로 쓰이는 돌 石塔(석탑): 돌로 쌓은 탑		
上	위 **상**	一	3
	예 上古(상고): 아주 오랜 옛날 上昇(상승): 위로 올라감		
臺	돈대 **대**	至	14
	예 臺詞(대사): 각본(脚本)에 따라 배우가 무대에서 하는 말 舞臺(무대): 공연을 하기 위하여 마련한 자리		

아랫돌을 빼서 윗돌에 굄
▷ 임시변통으로 이리저리 둘러 맞춤

兄友弟恭
형 우 제 공

한자	훈·음	부수	획수
兄	맏 **형**	儿	5
	예 兄夫(형부): 언니의 남편 老兄(노형): 동년배 사이에서 상대를 대접하여 부르는 말		
友	벗 **우**	又	4
	예 友邦(우방): 서로 친밀한 관계인 나라 友好(우호): 서로 친함		
弟	아우 **제**	弓	7
	예 師弟(사제): 스승과 제자 兄弟(형제): 형과 아우		
恭	공손할 **공**	心	10
	예 恭遜(공손): 공경하고 겸손함 不恭(불공): 공손하지 못함		

형은 아우를 사랑하고 동생은 형을 공경함
▷ 형제간에 서로 우애 깊게 지냄

厚顔無恥
후 안 무 치

한자	훈·음	부수	획수
厚	두터울 **후**	厂	9
	예 重厚(중후): 몸가짐이 정중하고 견실함 厚意(후의): 남을 위하여 베푸는 두터운 마음씨		
顔	얼굴 **안**	頁	18
	예 顔面(안면): ① 얼굴 ② 서로 알 만한 친분(親分) 無顔(무안): 부끄러워 볼 낯이 없음		
無	없을 **무**	灬	12
恥	부끄러울 **치**	心	10
	예 恥辱(치욕): 부끄럽고 욕됨 恥部(치부): 남에게 보여서는 안 될 부끄러운 곳		

얼굴이 두꺼워 부끄러움이 없음
▷ 뻔뻔하고 부끄러움이 없음

DAY 47

匹夫匹婦 필부필부
韋編三絶 위편삼절
膠漆之交 교칠지교
伯牙絶絃 백아절현
桑麻之交 상마지교

匹夫匹婦
필 부 필 부

한자	훈·음	부수	획수
匹	짝 **필**	匚	4
	예 匹馬(필마): 한 필의 말 匹夫(필부): ① 한 사람의 남자 ② 대수롭지 않고 평범한 남자		
夫	사내 **부**	大	4
	예 夫君(부군): 상대편을 높여 그의 남편을 일컫는 말 夫人(부인): '남의 아내'의 높임말		
匹	짝 **필**	匚	4
	예 匹敵(필적): 상대가 될 만한 적수 配匹(배필): 부부(夫婦)로서의 짝		
婦	며느리 **부**	女	11
	예 新婦(신부): 곧 결혼할 여자나 갓 결혼한 여자 寡婦(과부): 남편이 죽어 혼자 사는 여자		

신분이 낮은 남자와 신분이 낮은 여자
▷ 평범한 남자와 여사

韋編三絶
위 편 삼 절

한자	훈·음	부수	획수
韋	다룸가죽 **위**	韋	9
	예 韋革(위혁): 무두질한 가죽		
編	엮을 **편**	糸	15
	예 編隊(편대): ① 대오(隊伍)를 갖춤 ② 비행기 등이 대형을 갖춤 編入(편입): 다른 부류(部類)나 단체에 끼어듦		
三	석 **삼**	一	3
絶	끊을 **절**	糸	12
	예 絶交(절교): 교제를 끊음 絶景(절경): 더할 나위 없이 뛰어난 경치		

가죽으로 엮은 끈이 세 번 끊어짐
▷ 책을 열심히 읽음

膠漆之交
교 칠 지 교

한자	훈·음	부수	획수
膠	아교 **교**	肉	15
	예 膠着(교착): ① 아주 단단히 달라붙음 ② 어떤 상태가 고정되어 조금도 변동이 없음 阿膠(아교): 짐승의 가죽·뼈·창자 등을 고아 말린 황갈색의 딱딱한 물질로 물건을 붙이는 데 씀		
漆	옻칠할 **칠**	氵	14
	예 漆器(칠기): 옻칠을 한 나무 그릇 漆黑(칠흑): 옻칠과 같이 검음, 또는 깜깜함		
之	어조사 **지**		
交	사귈 **교**	亠	6
	예 交代(교대): 서로 번갈아 듦 絶交(절교): 서로 교제를 끊음		

아교와 옻의 사귐
▷ 아주 친밀하여 서로 떨어질 수 없는 사귐

伯牙絶絃
백 아 절 현

한자	훈·음	부수	획수
伯	맏 **백**	亻	7
	예 伯父(백부): 큰아버지 畫伯(화백): '화가(畫家)'의 높임말		
牙	어금니 **아**	牙	4
	예 象牙(상아): 코끼리의 엄니 齒牙(치아): 이와 어금니, '사람의 이'를 점잖게 이르는 말		
絶	끊을 **절**	糸	12
	예 絶妙(절묘): 썩 교묘함 絶頂(절정): ① 산의 맨 꼭대기 ② 최고에 이른 상태나 단계		
絃	악기줄 **현**	糸	11
	예 管絃(관현): 관악기와 현악기 絃誦(현송): 현악기를 타며 시가를 읊음		

백아가 거문고의 줄을 끊어 버림
▷ 자신을 인정해 주는 참다운 벗의 죽음을 슬퍼함

桑麻之交
상 마 지 교

한자	훈·음	부수	획수
桑	뽕나무 **상**	木	10
	예 桑椹(상심): 뽕나무의 열매 桑梓(상재): 뽕나무와 가래나무, '고향의 집' 또는 '고향'을 이름		
麻	삼 **마**	麻	11
	예 麻衣(마의): 삼베옷 亂麻(난마): 뒤얽힌 삼 가닥, '복잡하게 뒤얽힌 일', 또는 '몹시 어지러운 세상 형편'		
之	어조사 **지**		
交	사귈 **교**	亠	6
	예 修交(수교): 나라와 나라 사이에 교제를 맺음 交涉(교섭): 일을 이루기 위하여 상대편과 절충함		

뽕나무와 삼나무를 벗 삼아 지냄
▷ 전원에 은거하여 시골 사람들과 사귀며 지냄

DAY 48

曲學阿世 곡학아세
角者無齒 각자무치
支離滅裂 지리멸렬
命在頃刻 명재경각
聲東擊西 성동격서

曲學阿世
곡 학 아 세

한자	훈·음	부수	획수
曲	굽을 **곡**	曰	6
	예 曲線(곡선): 구부러진 선 曲解(곡해): 사실과 어긋나게 잘못 이해함		
學	배울 **학**	子	16
	예 學校(학교): 교육하는 기관 修學(수학): 학문을 닦음		
阿	언덕 **아**	阝	8
	예 阿丘(아구): 한쪽만이 높은 언덕 阿諂(아첨): 남의 환심을 사거나 잘 보이기 위하여 알랑거림		
世	대 **세**	一	5
	예 處世(처세): 남들과 어울리면서 살아가는 일 世波(세파): 세상살이의 풍파		

굽은 학문으로 세상에 아첨함
▷ 왜곡된 학문으로 세상 사람에게 아첨함

角者無齒
각 자 무 치

한자	훈·음	부수	획수
角	뿔 **각**	角	7
	예 角木(각목): 네모지게 켠 나무 角逐(각축): 서로 이기려고 다툼		
者	놈 **자**	耂	9
	예 筆者(필자): 글이나 글씨를 쓴 사람 亡者(망자): 죽은 사람		
無	없을 **무**	灬	12
	예 無垢(무구): 때묻지 않고 깨끗함 無顔(무안): 볼 낯이 없음		
齒	이 **치**	齒	15
	예 齒痛(치통): 이가 아픈 증세 蟲齒(충치): 벌레 먹어 상한 이		

뿔이 있는 짐승은 이가 없음
▷ 한 사람이 여러 가지 재주를 다 가질 수 없음

支離滅裂
지 리 멸 렬

한자	훈·음	부수	획수
支	지탱할 **지**	支	4
	예 支配(지배): 거느려 부림 支援(지원): 지지하여 응원함		
離	떠날 **리**	隹	19
	예 離散(이산): 떨어져 흩어짐 離脫(이탈): 떨어져 나가거나 떨어져 나옴		
滅	멸할 **멸**	氵	13
	예 滅種(멸종): 씨가 없어짐 破滅(파멸): 깨어져 망함		
裂	찢을 **렬**	衣	12
	예 決裂(결렬): 의견이 맞지 않아 관계를 끊고 갈라짐 分裂(분열): 나뉘어 찢어짐		

흩어지고 찢김
▷ 흩어지고 찢기어 갈피를 잡을 수 없음

命在頃刻
명　재　경　각

한자	훈·음	부수	획수
命	목숨 **명**	口	8
	예 命名(명명): 이름을 지어 붙임 運命(운명): 태어날 때 이미 정해진 목숨이나 처지		
在	있을 **재**	土	6
	예 在職(재직): 직장에 근무하고 있음 所在(소재): 있는 곳		
頃	잠깐 **경**	頁	11
	예 頃刻(경각): 극히 짧은 동안 食頃(식경): 한 끼의 밥을 먹을 만한 시간		
刻	새길 **각**	刂	8
	예 刻苦(각고): 몹시 애씀 深刻(심각): 매우 중대하고 절실함		

목숨이 경각에 있음
▷ 거의 죽게 되어 숨이 곧 끊어질 지경에 이름

聲東擊西
성　동　격　서

한자	훈·음	부수	획수
聲	소리 **성**	耳	17
	예 聲量(성량): 목소리의 크기와 양 名聲(명성): 좋은 평판		
東	동녘 **동**	木	8
	예 東國(동국): '우리나라'의 이칭(異稱)으로 중국의 동쪽에 있는 나라라는 데서 온 말 東夷(동이): 동쪽 오랑캐, 옛날 중국에서 그들의 동쪽에 살던 이민족을 얕잡아 칭한 말		
擊	칠 **격**	手	17
	예 擊退(격퇴): 적을 쳐서 물리침 擊破(격파): 쳐서 부숨		
西	서녘 **서**	西	6
	예 西歐(서구): 서부 유럽의 여러 나라 西紀(서기): 예수가 태어난 해를 원년(元年)으로 삼는 서력의 기원		

동쪽에서 소리를 내고 서쪽에서 적을 침
▷ 적을 유인하여 공격하는 체하다가 반대쪽을 치는 전술

十日之菊　십일지국

天衣無縫　천의무봉

風木之悲　풍목지비

錦衣夜行　금의야행

目不識丁　목불식정

十日之菊
십　일　지　국

한자	훈·음	부수	획수
十	열 **십**	十	2
日	날 **일**	日	4
	예 日光(일광): 햇빛 日課(일과): 날마다 일정하게 하는 일의 과정		
之	어조사 **지**		
菊	국화 **국**	艹	12
	예 菊月(국월): '음력 9월'의 딴 이름 菊花(국화): 국화과의 다년초		

한창때인 9월 9일이 지난 9월 10일의 국화
▷ 이미 때가 늦은 일

天衣無縫
천 의 무 봉

한자	훈·음	부수	획수
天	하늘 **천**	大	4
	예 天職(천직): 천성에 알맞은 직업 樂天(낙천): 운명이나 처지를 천명으로 알고 좋게 생각하는 일		
衣	옷 **의**	衣	6
	예 衣服(의복): 옷 衣食(의식): 의복과 음식		
無	없을 **무**	灬	12
縫	꿰맬 **봉**	糸	17
	예 縫製(봉제): 재봉틀 따위로 박아서 만드는 일 彌縫(미봉): 임시변통으로 이리저리 꾸며대어 맞춤		

천사의 옷은 꿰맨 흔적이 없음
▷ 꾸민 데 없이 자연스럽고 아름다우면서 완전함

158

風木之悲
풍 목 지 비

한자	훈·음	부수	획수
風	바람 **풍**	風	9
	예 風俗(풍속): 전통적으로 지켜져 오는 생활상의 사회적 관습 風波(풍파): ① 바람과 물결 ② 속세의 괴로운 일		
木	나무 **목**	木	4
	예 木刻(목각): 나무에 새김 木材(목재): 나무로 된 재료		
之	어조사 **지**		
悲	슬플 **비**	心	12
	예 悲運(비운): 슬픈 운명 悲痛(비통): 몹시 슬프고 가슴 아픔		

나무가 바람에 흔들림을 슬퍼함
▷ 효도를 다하지 못한 채 어버이를 여읜 자식의 슬픔

錦衣夜行
금 의 야 행

한자	훈·음	부수	획수
錦	비단 **금**	金	16
	예 錦囊(금낭): ① 비단 주머니 ② 잘 지은 시(詩) 錦地(금지): '남이 사는 곳'의 높임말		
衣	옷 **의**	衣	6
	예 衣裳(의상): ① 저고리와 치마 ② 옷 白衣(백의): ① 흰옷 ② 벼슬이 없는 선비		
夜	밤 **야**	夕	8
	예 夜景(야경): 밤의 경치 徹夜(철야): 밤을 새움		
行	다닐 **행**	行	6
	예 行軍(행군): 군대 또는 많은 인원이 줄을 지어 걸어감 行商(행상): 돌아다니며 물건을 팖		

비단옷을 입고 밤길을 돌아다님
▷ 아무 보람이 없는 일을 함

目不識丁
목 불 식 정

한자	훈·음	부수	획수
目	눈 **목**	目	5
	예 目的(목적): 지향하거나 실현하고자 하는 목표나 방향 目前(목전): 눈앞		
不	아닐 **부/불**		
識	알 **식**, 기록할 **지**	言	19
	예 識別(식별): 잘 알아서 분별함 標識(표지): 다른 것과 구별하여 알게 하기 위한 표시나 특징		
丁	넷째천간 **정**	一	2
	예 丁寧(정녕): 틀림없이 壯丁(장정): 성년(成年)에 이른 혈기 왕성한 남자		

간단한 '정(丁) 자'를 보고도 '고무래'인 줄을 알지 못함
▷ 아주 까막눈임

DAY
50

草露人生 초로인생
能小能大 능소능대
擧案齊眉 거안제미
敝袍破笠 폐포파립
滄桑世界 창상세계

160

草露人生
초　로　인　생

한자	훈·음	부수	획수
草	풀 **초**	艹	10
	예 草家(초가): 볏짚이나 밀짚 등으로 지붕을 인 집 草稿(초고): 문장이나 시 따위의 맨 처음 쓴 원고		
露	이슬 **로**	雨	20
	예 露天(노천): 지붕 같은 것으로 가리지 않은 한데 露骨(노골): 뼈를 드러냄, '숨기지 않고 있는 그대로 드러냄'을 이름		
人	사람 **인**	人	2
生	날 **생**	生	5
	예 生計(생계): 살아갈 방도 生動(생동): 살아 움직임		

풀잎에 맺힌 이슬 같은 인생
▷ 허무하고 덧없는 인생

能小能大
능 소 능 대

한자	훈·음	부수	획수
能	능할 **능**	肉	10
	예 能動(능동): 스스로 움직이거나 작용하는 것 能力(능력): 어떤 일을 해낼 수 있는 힘		
小	작을 **소**	小	3
能	능할 **능**	肉	10
	예 能通(능통): 어떤 일에 통달함 才能(재능): 재주와 능력		
大	큰 **대**	大	3

작은 일에도 능하고 큰 일에도 능함
▷ 모든 일에 골고루 능함

舉案齊眉
거 안 제 미

한자	훈·음	부수	획수
舉	들 **거**	手	18
	예 舉國(거국): 온 나라 舉事(거사): 일을 일으킴		
案	책상 **안**	木	10
	예 案件(안건): 토의하거나 연구할 거리 提案(제안): 안을 냄, 계획을 제출함		
齊	가지런할 **제**, 상복 **재**, 재계할 **재**	齊	14
	예 齊家(제가): 집안을 잘 다스려 바로잡음 整齊(정제): 정돈하여 가지런히 함		
眉	눈썹 **미**	目	9
	예 眉間(미간): 두 눈썹 사이 白眉(백미): 흰 눈썹, '여럿 중에서 가장 뛰어난 것'을 이름		

밥상을 눈썹과 가지런히 하여 남편에게 가지고 감
▷ 남편을 깍듯이 공경함

敝袍破笠
폐 포 파 립

한자	훈·음	부수	획수
敝	해질 **폐**	攵	12
	例 敝履(폐리): 헌 신		
袍	솜옷 **포**	衤	10
	例 道袍(도포): 지난날 예복(禮服)으로 입던 겉옷 靑袍(청포): 빛깔이 푸른 도포		
破	깨뜨릴 **파**	石	10
	例 讀破(독파): 책을 다 읽어 냄 凍破(동파): 얼어서 깨짐		
笠	삿갓 **립**	竹	11
	例 笠帽(입모): 유지(油脂)로 만든 우비로 갓 위에 덮어쓰는 것 簑笠(사립): 도롱이와 삿갓		

해어진 옷과 부서진 갓
▷ 구차하고 초라한 차림새

滄桑世界
창 상 세 계

한자	훈·음	부수	획수
滄	푸를 **창**	氵	13
	例 滄茫(창망): 물이 푸르고 아득하게 넓은 모양 滄波(창파): 푸른 물결		
桑	뽕나무 **상**	木	10
	例 桑椹(상심): 뽕나무의 열매 桑梓(상재): 뽕나무와 가래나무		
世	대 **세**	一	5
	例 世子(세자): 왕의 자리를 이을 왕자 世態(세태): 세상의 형편이나 상태		
界	지경 **계**	田	9
	例 業界(업계): 같은 업종에 종사하는 사람들의 사회 限界(한계): 사물의 정하여진 범위		

뽕나무 밭이 바다로 변함
▷ 급격히 바뀌어 변모하는 세상

DAY 51

自畫自讚 자화자찬
左衝右突 좌충우돌
破鏡之歎 파경지탄
琴瑟之樂 금슬지락
四面楚歌 사면초가

自畫自讚
자　화　자　찬

한자	훈·음	부수	획수
自	스스로 **자**	自	6
	예 **自覺**(자각): 스스로 깨달음 **自然**(자연): 사람의 힘을 더하지 않고서 존재하는 것		
畫	그림 **화**, 그을 **획**	田	13
	예 **畫家**(화가): 그림 그리는 일을 전문으로 하는 사람 **畫報**(화보): 그림이나 사진을 위주로 편집한 인쇄물		
自	스스로 **자**	自	6
	예 **自治**(자치): 자기 일을 자기 스스로 다스림 **自他**(자타): 자기와 남		
讚	기릴 **찬**	言	26
	예 **讚美**(찬미): 기리어 칭송함 **讚辭**(찬사): 칭찬하는 말이나 글		

자신이 그린 그림을 칭찬함
▷ 자신이 한 일을 스스로 자랑함

左衝右突
좌 충 우 돌

한자	훈·음	부수	획수
左	왼 **좌**	工	5
	예 左腕(좌완): 왼팔 左右(좌우): 왼쪽과 오른쪽		
衝	찌를 **충**	行	15
	예 衝擊(충격): ① 부딪쳤을 때의 심한 타격 ② 심한 마음의 동요 衝動(충동): 흥분할 정도로 강한 자극을 일으킴		
右	오른쪽 **우**	口	5
	예 右腕(우완): 오른팔 右側(우측): 오른쪽		
突	부딪칠 **돌**	穴	9
	예 突擊(돌격): 돌진하여 쳐들어감 突發(돌발): 일이 뜻밖에 일어남		

왼쪽에서 찔리고 오른쪽에서 부딪힘
▷ 이리저리 찌르고 부딪힘

164

破鏡之歎
파 경 지 탄

한자	훈·음	부수	획수
破	깨뜨릴 **파**	石	10
	예 破滅(파멸): 깨어져 망함 破産(파산): 가산을 모두 날려버림		
鏡	거울 **경**	金	19
	예 眼鏡(안경): 눈을 보호하거나 시력을 돕기 위하여 쓰는 기구 破鏡(파경): ① 깨어진 거울 ② 이혼하는 일		
之	어조사 **지**		
歎	탄식할 **탄**	欠	15
	예 歎聲(탄성): 탄식하는 소리 慨歎(개탄): 분하게 여기어 탄식함		

깨진 거울 조각을 들고 탄식함
▷ 부부의 이별을 서러워하는 탄식

琴瑟之樂
금 슬 지 락

한자	훈·음	부수	획수
琴	거문고 **금**	王	12
	예 琴書(금서): 거문고를 타고 책을 읽음, '풍류스러운 일'을 이름 心琴(심금): 어떤 자극에 움직이는 마음을 거문고에 비유한 말		
瑟	큰거문고 **슬**	王	13
	예 瑟瑟(슬슬): 바람이 쓸쓸하게 부는 소리 簫瑟(소슬): 으슷하고 쓸쓸함		
之	어조사 **지**		
樂	즐길 **락**, 풍류 **악**, 좋아할 **요**	木	15
	예 樂園(낙원): 자유와 행복을 누릴 수 있으며 즐겁고 살기 좋은 곳 樂譜(악보): 음악의 곡조를 기호로 나타낸 것		

거문고와 비파의 소리가 서로 조화로움
▷ 부부간의 사랑

四面楚歌
사 면 초 가

한자	훈·음	부수	획수
四	넉 **사**	口	5
面	낯 **면**	面	9
	예 面貌(면모): ① 얼굴의 모양 ② 사물의 겉모습 面識(면식): 얼굴을 서로 앎		
楚	초나라 **초**	木	13
	예 苦楚(고초): 견디기 어려운 괴로움 淸楚(청초): 깨끗하고 고움		
歌	노래 **가**	欠	14
	예 歌詞(가사): 노랫말 詩歌(시가): 시와 노래의 총칭		

사방이 초나라의 노래 소리로 덮여 있음
▷ 아무에게도 도움을 받지 못하는 외롭고 곤란한 지경에 빠짐

DAY 52

群鷄一鶴 군계일학

輾轉不寐 전전불매

事必歸正 사필귀정

花朝月夕 화조월석

小隙沈舟 소극침주

166

群 鷄 一 鶴
군 계 일 학

한자	훈·음	부수	획수
群	무리 **군**	羊	13
	예 群島(군도): 무리를 이룬 많은 섬 拔群(발군): 여러 사람 가운데서 특히 빼어남		
鷄	닭 **계**	鳥	21
	예 鷄肋(계륵): 닭의 갈비뼈, '가치는 적지만 버리기에는 아까운 것'의 비유 養鷄(양계): 닭을 기름		
一	한 **일**	一	1
鶴	두루미 **학**	鳥	21
	예 鶴壽(학수): 학이 오래 산다는 데서, '장수(長壽)'를 이름 仙鶴(선학): '두루미'의 미칭(美稱)		

닭의 무리 가운데서 한 마리의 학
▷ 많은 사람 가운데서 뛰어난 인물

輾轉不寐
전 전 불 매

한자	훈·음	부수	획수
輾	돌아누울 **전**	車	17
轉	구를 **전**	車	18
	예 **轉勤**(전근): 근무처를 옮김 **逆轉**(역전): 형세나 순위 등이 반대 상황으로 됨		
不	아니 **부/불**		
寐	잠잘 **매**	宀	12
	예 **夢寐**(몽애): 잠을 자며 꿈을 꿈		

뒤척이며 자지 못함
▷ 생각이 많아 근심과 걱정으로 몹시 불안한 상태

事必歸正
사 필 귀 정

한자	훈·음	부수	획수
事	일 **사**	丨	8
	예 **事件**(사건): 문제가 되거나 관심을 끌 만한 일 **事理**(사리): 사물의 이치		
必	반드시 **필**	心	5
	예 **必讀**(필독): 꼭 읽어야 함 **必然**(필연): 반드시 그렇게 되는 일		
歸	돌아올 **귀**	止	18
	예 **歸省**(귀성): 객지에 있다가 부모를 뵈러 고향에 돌아감 **復歸**(복귀): 본디의 상태나 자리로 되돌아감		
正	바를 **정**	止	5
	예 **正當**(정당): 바르고 옳음 **正直**(정직): 마음이 바르고 곧음		

모든 일은 반드시 바르게 돌아감
▷ 올바르지 못한 것은 오래 가지 못하고 결국 올바른 길로 돌아감

花朝月夕
화 조 월 석

한자	훈·음	부수	획수
花	꽃 **화**	艹	8
	예 花壇(화단): 꽃밭 開花(개화): 꽃이 핌		
朝	아침 **조**	月	12
	예 早朝(조조): 이른 아침 朝餐(조찬): 아침 식사		
月	달 **월**	月	4
	예 月刊(월간): 매달 한 차례씩 인쇄물을 발행함, 또는 그 간행물 月給(월급): 일한 대가로 다달이 받는 일정한 돈		
夕	저녁 **석**	夕	3
	예 夕陽(석양): ① 저녁 해 ② 저녁나절 朝夕(조석): 아침과 저녁		

꽃 피는 아침과 달 밝은 밤
▷ 경치가 좋은 시절

小隙沈舟
소 극 침 주

한자	훈·음	부수	획수
小	작을 **소**	小	3
隙	틈 **극**	阝	13
	예 間隙(간극): 틈, 사이 隙孔(극공): 틈새, 구멍		
沈	잠길 **침**, 성 **심**	氵	7
	예 沈默(침묵): 아무런 말을 하지 않음 沈滯(침체): 나아가지 못하고 그 자리에 머묾		
舟	배 **주**	舟	6
	예 方舟(방주): 네모난 배 虛舟(허주): 빈 배		

조그만 틈으로 물이 새어 들어 배가 가라앉음
▷ 작은 일을 게을리하면 큰 재앙이 닥치게 됨

DAY 53

樵童汲婦 초동급부
同性異俗 동성이속
孤子單身 고혈단신
搖之不動 요지부동
釣而不網 조이불망

樵童汲婦
초 동 급 부

한자	훈·음	부수	획수
樵	나무할 초	木	16
	예 樵夫(초부): 나무꾼		
童	아이 동	立	12
	예 童心(동심): 어린아이의 마음 童謠(동요): 아이들 사이에서 불리는 노래		
汲	물길을 급	氵	7
	예 汲汲(급급): 어떤 일에 마음을 쏟아서 틈이 없는 모양 汲水(급수): 물을 길음		
婦	며느리 부	女	11
	예 婦人(부인): 결혼한 여자 姑婦(고부): 시어머니와 며느리		

땔나무하는 아이와 물 긷는 아낙네
▷ 평범한 사람들

同性異俗
동 성 이 속

한자	훈·음	부수	획수
同	한가지 **동**	口	6
	예 混同(혼동): 뒤섞임 同封(동봉): 끝이 빌어 봉함		
性	성품 **성**	忄	8
	예 性格(성격): 각 개인의 특유한 성질 性向(성향): 성질의 경향		
異	다를 **이**	田	11
	예 異見(이견): 남과 다른 의견이나 견해 特異(특이): 보통과 아주 다름		
俗	풍속 **속**	亻	9
	예 俗談(속담): 민중의 지혜가 응축되어 널리 구전(口傳)되는 격언(格言) 世俗(세속): 세상, 또는 세상의 풍속		

사람이 날 때는 같은 소리를 내지만 자라면서 풍속으로 인해 서로 달라짐
▷ 본래 사람의 성질은 서로 같으나 자라면서 환경·교육에 따라 차이가 생김

170

孤子單身
고 혈 단 신

한자	훈·음	부수	획수
孤	외로울 **고**	子	8
	예 孤立(고립): 외따로 떨어져 있음 孤兒(고아): 부모가 없는 아이		
子	외로울 **혈**	子	3
	예 子遺(혈유): 외톨로 남은 것		
單	홑 **단**	口	12
	예 單獨(단독): ① 혼자 ② 단 하나 單純(단순): 구조나 형식 등이 간단함		
身	몸 **신**	身	7
	예 身邊(신변): 몸, 또는 몸의 주변 身體(신체): 사람의 몸		

외로운 홀몸의 신세
▷ 피붙이가 전혀 없는 외로운 몸

搖之不動

요 지 부 동

한자	훈·음	부수	획수
搖	흔들 **요**	扌	13
	예 搖動(요동): 흔들리어 움직임 搖亂(요란): 시끄럽고 어지러움		
之	어조사 **지**		
不	아니 **부/불**		
動	움직일 **동**	力	11
	예 動態(동태): 움직여 변해 가는 상태 擧動(거동): 몸을 움직이는 짓이나 태도		

흔들어 봐도 움직이지 않음
▷ 어떤 자극에도 움직이지 않고 태도의 변화가 없음

釣而不網

조 이 불 망

한자	훈·음	부수	획수
釣	낚시 **조**	金	11
	예 釣竿(조간): 낚싯대 釣況(조황): 낚시의 성과나 상황		
而	말이을 **이**		
不	아니 **부/불**		
網	그물 **망**	糸	14
	예 漁網(어망): 물고기를 잡는 그물 投網(투망): 그물을 던짐		

낚시는 해도 그물로 고기를 잡지는 않음
▷ 모든 일에 징도를 지키는 훌륭한 인물의 태도

DAY
54

以心傳心 이심전심
修己安人 수기안인
小貪大失 소탐대실
焦眉之急 초미지급
馬耳東風 마이동풍

以心傳心
이 심 전 심

한자	훈·음	부수	획수
以	써 **이**	人	5
	예 以來(이래): 지나간 일정한 때로부터 지금까지 以外(이외): 어떤 범위의 밖		
心	마음 **심**	心	4
	예 銘心(명심): 마음에 새겨 둠 心醉(심취): 어떤 사물에 깊이 마음을 빼앗김		
傳	전할 **전**	亻	13
	예 傳達(전달): 전하여 이르게 함 傳受(전수): 전하여 받음		
心	마음 **심**	心	4
	예 心情(심정): 마음속에 품은 생각과 감정(感情) 心性(심성): 본래 타고난 마음씨		

마음으로써 마음을 전함
▷ 마음과 마음으로 서로 뜻이 통함

修己安人
수 기 안 인

한자	훈·음	부수	획수
修	닦을 **수**	亻	10
	예 修道(수도): 도를 닦음 修養(수양): 신체와 정신을 단련하며 지성(知性)과 품성(品性)을 닦음		
己	몸 **기**	己	3
	예 自己(자기): 그 사람 자신 知己(지기): 자기를 잘 알아주는 친구		
安	편안할 **안**	宀	6
	예 安樂(안락): 편안하고 즐거움 安全(안전): 아무런 위험이 없음		
人	사람 **인**	人	2

자신을 수양하고 사람들을 편하게 함
▷ 자신을 수양한 이후에 남을 다스림

小貪大失
소 탐 대 실

한자	훈·음	부수	획수
小	작을 **소**	小	3
貪	탐할 **탐**	貝	11
	예 貪慾(탐욕): 탐내는 욕심 食貪(식탐): 음식을 욕심내어 탐냄		
大	큰 **대**	大	3
失	잃을 **실**	大	5
	예 失格(실격): 자격을 잃음 失言(실언): 실수로 말을 잘못함		

작은 것을 탐하다가 큰 손실을 입음
▷ 사소한 이익에 눈이 멀어 큰 손해를 보게 되는 어리석음

焦眉之急
초 미 지 급

한자	훈·음	부수	획수
焦	그을릴 **초**	灬	12
	예 焦燥(초조): 애태우며 마음을 졸임 焦土(초토): 불에 타서 그을린 땅		
眉	눈썹 **미**	目	9
	예 眉間(미간): 두 눈썹 사이 白眉(백미): 흰 눈썹, '여럿 중에서 가장 뛰어난 것'을 이름		
之	어조사 **지**		
急	급할 **급**	心	9
	예 急行(급행): 빨리 감, 급히 감 急性(급성): 갑자기 일어나거나 급히 악화되는 성질		

눈썹에 불이 붙음
▷ 매우 급함

馬耳東風
마 이 동 풍

한자	훈·음	부수	획수
馬	말 **마**	馬	10
	예 馬脚(마각): 말의 다리 馬術(마술): 말을 타고 부리는 재주		
耳	귀 **이**	耳	6
	예 耳目(이목): ① 귀와 눈 ② 남들의 주목(注目) 耳順(이순): '60세'를 뜻함		
東	동녘 **동**	木	8
	예 東國(동국): '우리나라'의 이칭(異稱) 極東(극동): ① 동쪽의 맨 끝 ② 아시아 대륙의 동쪽에 위치한 지역으로 우리나라·중국·일본 등을 이름		
風	바람 **풍**	風	9
	예 威風(위풍): 위엄 있는 풍채 風霜(풍상): 바람과 서리, '세상의 모진 고난이나 고통'의 비유		

동풍이 말의 귀를 스쳐 감
▷ 남의 말을 귀담아듣지 않고 지나쳐 흘려 버림

DAY 55

自家撞着 자가당착

巧言令色 교언영색

白骨難忘 백골난망

雀學鸛步 작학관보

口腹之計 구복지계

自家撞着
자 가 당 착

한자	훈·음	부수	획수
自	스스로 **자**	自	6
	예 **自肅**(자숙): 스스로 삼감 **自治**(자치): 자기 일을 자기 스스로 다스림		
家	집 **가**	宀	10
	예 **家勢**(가세): 집안 살림의 형편 **家屋**(가옥): 사람이 사는 집		
撞	칠 **당**	扌	15
	예 **撞球**(당구): 대(臺) 위의 붉은 공과 흰 공을 막대로 쳐서 굴려 맞춰 승부를 겨루는 경기 **撞着**(당착): 말이나 행동의 앞뒤가 서로 맞지 않음		
着	붙을 **착**	目	12
	예 **着想**(착상): 새로운 생각이나 구상 따위를 잡는 일 **執着**(집착): 어떤 한 가지 일에만 마음이 쏠림		

스스로 부딪치기도 하며, 또는 붙기도 함
▷ 같은 사람의 말이나 행동이 앞뒤가 맞지 않고 모순됨

巧言令色
교 언 영 색

한자	훈·음	부수	획수
巧	공교로울 **교**	工	5
	📖 巧妙(교묘): 썩 잘되고 묘함 精巧(정교): 세세한 부분까지 성밀하고 자세함		
言	말씀 **언**	言	7
	📖 言及(언급): 말이 어떤 문제에 미침 言爭(언쟁): 말다툼		
令	명령할 **령**	人	5
	📖 命令(명령): 윗사람이 시키는 분부 法令(법령): 국가 기관에서 공포하는 것으로 법적 효력을 가진 법규의 총칭		
色	빛 **색**	色	6
	📖 色彩(색채): 빛깔 氣色(기색): 얼굴에 나타난 마음속의 생각이나 감정 따위		

교묘하게 꾸민 말과 아첨하는 낯빛
▷ 아첨하는 말과 알랑거리는 태도

白骨難忘
백 골 난 망

한자	훈·음	부수	획수
白	흰 **백**	白	5
	📖 白髮(백발): 하얗게 센 머리털 白晝(백주): 대낮		
骨	뼈 **골**	骨	10
	📖 骨子(골자): ① 뼈 ② 사물의 핵심 骨折(골절): 뼈가 부러짐		
難	어려울 **난**	隹	19
	📖 難色(난색): 어려워하는 낯빛 難解(난해): 이해하기 어려움		
忘	잊을 **망**	心	7
	📖 忘却(망각): 잊어버림 健忘症(건망증): 기억력의 부족으로 잘 잊어버리는 병증		

죽어서 백골이 되어도 잊을 수 없음
▷ 다른 사람이 베푼 은혜를 죽더라도 잊지 않음

雀學鸛步
작 학 관 보

한자	훈·음	부수	획수
雀	참새 **작**	隹	11
	예 雀躍(작약): 참새가 날며 춤추듯이 깡충깡충 뛰면서 기뻐함 燕雀(연작): ① 제비와 참새 ② '도량이 좁은 사람'의 비유		
學	배울 **학**	子	16
	예 就學(취학): 학교에 입학하여 공부함 碩學(석학): 학식이 많은 큰 학자		
鸛	황새 **관**	鳥	29
步	걸음 **보**	止	7
	예 步道(보도): 사람이 다니는 길 踏步(답보): 제자리걸음, '일의 진전이 없음'의 비유		

참새가 황새의 걸음을 배움
▷ 자신의 역량은 생각하지 않고 억지로 남을 모방함

口腹之計
구 복 지 계

한자	훈·음	부수	획수
口	입 **구**	口	3
	예 口頭(구두): 직접 입으로 하는 말 口舌(구설): 시비하거나 헐뜯는 말		
腹	배 **복**	肉	13
	예 腹部(복부): 배 부분 心腹(심복): ① 가슴과 배 ② 마음 놓고 믿을 수 있는 부하		
之	어조사 **지**		
計	셈할 **계**	言	9
	예 合計(합계): 모두 합한 전체의 수 計算(계산): 수량을 헤아림		

입과 배를 채울 꾀
▷ 먹고살 셋책이나 방법

DAY 56

骨肉相爭 골육상쟁
風前燈火 풍전등화
鷄鳴狗盜 계명구도
鯨戰蝦死 경전하사
膠柱鼓瑟 교주고슬

骨肉相爭
골 육 상 쟁

한자	훈·음	부수	획수
骨	뼈 **골**	骨	10
	예 鐵骨(철골): 철재(鐵材)로 된 큰 건축물의 뼈대 遺骨(유골): 죽은 사람의 뼈		
肉	고기 **육**	肉	6
	예 血肉(혈육): ① 피와 살 ② 부모와 자식, 형제자매 등 가까운 혈족 肉筆(육필): 본인이 직접 쓴 글씨		
相	서로 **상**	目	9
	예 相互(상호): 피차간, 서로 相殺(상쇄): 셈을 서로 비김		
爭	다툴 **쟁**	爪	8
	예 論爭(논쟁): 말이나 글로써 다툼, 또는 그 논의 戰爭(전쟁): 무력에 의한 국가 사이의 싸움		

뼈와 살의 다툼
▷ 가까운 혈족끼리 서로 싸움

風前燈火
풍 전 등 화

한자	훈·음	부수	획수
風	바람 **풍**	風	9
	예 突風(돌풍): 갑자기 세차게 불다가 곧 그치는 바람 風習(풍습): 풍속과 습관		
前	앞 **전**	刂	9
	예 前兆(전조): 미리 나타나 보이는 조짐 前後(전후): ① 앞뒤 ② 먼저와 나중		
燈	등잔 **등**	火	16
	예 燈盞(등잔): 등불을 켜는 그릇 燈臺(등대): 해안이나 섬에서 밤에 불을 켜 놓고 뱃길을 알려 주는 건물		
火	불 **화**	火	4
	예 火傷(화상): 높은 열에 뎀, 또는 그렇게 입은 상처 火焰(화염): 불꽃		

바람 앞의 등불
▷ 사물이 매우 위태로운 처지에 놓여 있음

鷄鳴狗盜
계 명 구 도

한자	훈·음	부수	획수
鷄	닭 **계**	鳥	21
	예 鷄冠(계관): 닭의 볏 鬪鷄(투계): 닭싸움을 붙이는 일		
鳴	울 **명**	鳥	14
	예 鳴琴(명금): 고운 소리로 우는 새 悲鳴(비명): 몹시 놀라거나 괴롭거나 다급할 때 지르는 외마디 소리		
狗	개 **구**	犭	8
	예 走狗(주구): ① 사냥할 때 부리는 잘 달리는 개 ② 남의 앞잡이 노릇을 하는 사람의 비유 黃狗(황구): 털빛이 누른 개		
盜	도둑 **도**	皿	12
	예 盜聽(도청): 몰래 엿들음 竊盜(절도): 물건을 몰래 훔침		

닭의 울음소리를 잘 흉내 내는 사람과 개의 모습을 잘 흉내 내는 좀도둑
▷ 비굴하게 남을 속이는 하찮은 재주 또는 그런 재주를 가진 사람

鯨戰蝦死
경 전 하 사

한자	훈·음	부수	획수
鯨	고래 **경**	魚	19
	예 鯨船(경선): 고래잡이배 捕鯨(포경): 고래를 잡음		
戰	싸울 **전**	戈	16
	예 戰爭(전쟁): 나라 간의 싸움 戰慄(전율): 두려워서 벌벌 떪		
蝦	새우 **하**	魚	20
死	죽을 **사**	歹	6
	예 死境(사경): 죽게 된 지경 死刑(사형): 죄인을 죽이는 형벌		

고래 싸움에 새우 등이 터짐
▷ 강한 자끼리 서로 싸우는 통에 아무 상관이 없는 약한 자가 해를 입음

膠柱鼓瑟
교 주 고 슬

한자	훈·음	부수	획수
膠	아교 **교**	肉	151
	예 膠着(교착): ① 아주 단단히 달라붙음 ② 어떤 상태가 고정되어 조금도 변동이 없음 阿膠(아교): 짐승의 가죽·뼈·창자 등을 고아 말린 황갈색의 딱딱한 물질로 물건을 붙이는 데 씀		
柱	기둥 **주**	木	9
	예 電柱(전주): 전봇대 支柱(지주): 버티어 괴는 기둥		
鼓	북 **고**	鼓	13
	예 鼓動(고동): 심장(心臟)이 뛰는 소리 鼓吹(고취): ① 북을 치고 피리를 붊 ② 북돋아 격려함		
瑟	큰거문고 **슬**	王	13
	예 瑟瑟(슬슬): 바람이 쓸쓸하게 부는 소리 琴瑟(금슬): ① 거문고와 비파 ② 부부 사이의 정		

기러기발을 갖풀로 붙이고 거문고를 탐
▷ 변통성이 없이 꽉 막힌 사람

多岐亡羊 다기망양

流芳百世 유방백세

夏爐冬扇 하로동선

權不十年 권불십년

雪中松栢 설중송백

多岐亡羊
다 기 망 양

한자	훈·음	부수	획수
多	많을 **다**	夕	6
	예 多寡(다과): 많음과 적음 多樣(다양): 모양이나 종류가 많음		
岐	가닥나뉠 **기**	山	7
	예 岐路(기로): 갈림길 分岐(분기): 나뉘어서 갈라짐		
亡	망할 **망**	亠	3
	예 亡國(망국): 망한 나라 滅亡(멸망): 망하여 없어짐		
羊	양 **양**	羊	6
	예 羊腸(양장): 양의 창자, '구불구불 구부러진 것'의 비유 牧羊(목양): 양을 치거나 놓아 기름		

갈림길이 많아 잃은 양을 찾지 못함
▷ 방침이 많아서 도리어 갈 길을 모름

流芳百世

유 방 백 세

한자	훈·음	부수	획수
流	흐를 **류**	氵	9
	예 流浪(유랑): 정처 없이 떠돌아다님 流入(유입): 흘러 늘어옴		
芳	꽃다울 **방**	艹	8
	예 芳年(방년): 20세 전후의 꽃다운 나이 芳香(방향): 좋은 향기		
百	일백 **백**	白	6
	예 百穀(백곡): 온갖 곡식 百姓(백성): 일반 국민		
世	대 **세**	一	5
	예 世孫(세손): 임금의 맏손자 世襲(세습): 재산이나 직업 등을 대를 이어 물려주거나 받는 일		

꽃의 향이 백 대에 걸쳐 흐름
▷ 꽃다운 이름이 후세에 길이 전해짐

夏爐冬扇

하 로 동 선

한자	훈·음	부수	획수
夏	여름 **하**	夊	10
	예 夏季(하계): 여름의 시기(時期) 夏服(하복): 여름철에 입는 옷		
爐	화로 **로**	火	20
	예 煖爐(난로): 연료를 때어서 방 안을 따뜻하게 하는 기구 火爐(화로): 열(熱)을 이용하기 위하여 불을 담아 두는 그릇		
冬	겨울 **동**	冫	5
	예 冬季(동계): 겨울철 越冬(월동): 겨울을 넘김		
扇	부채 **선**	戶	10
	예 扇形(선형): 부채같이 생긴 모양 扇風機(선풍기): 전기의 힘으로 바람을 일으키는 기계 장치		

여름의 화로와 겨울의 부채
▷ 철에 맞지 않아 쓸모없는 물건

權不十年
권 불 십 년

한자	훈·음	부수	획수
權	권세 **권**	木	22
	예 權益(권익): 권리와 그에 따르는 이익 執權(집권): 정권을 잡음		
不	아니 **부/불**		
十	열 **십**	十	2
年	해 **년**	干	6
	예 年例(연례): 해마다 하는 관례(慣例) 年俸(연봉): 일 년 단위로 정한 봉급		

권력이 10년을 가지 못함
▷ 아무리 높은 권세라도 오래가지 못함

雪中松栢
설 중 송 백

한자	훈·음	부수	획수
雪	눈 **설**	雨	11
	예 雪景(설경): 눈 경치 積雪(적설): 쌓인 눈		
中	가운데 **중**	ㅣ	4
松	솔 **송**	木	8
	예 松林(송림): 소나무 숲 老松(노송): 늙은 소나무		
栢	측백나무 **백**	木	10
	예 百葉(백엽): 잣나무 잎 側栢(측백): 측백나무		

눈 속 소나무와 잣나무
▷ 높고 굳은 설개

DAY 58

斷機之戒 단기지계
前虎後狼 전호후랑
漸入佳境 점입가경
衣錦夜行 의금야행
言語道斷 언어도단

184

斷機之戒
단 기 지 계

한자	훈·음	부수	획수
斷	끊을 **단**	斤	18
	에 斷交(단교): ① 교제를 끊음 ② 국가 간의 외교 관계를 끊음 斷食(단식): 일정 기간 동안 의도적으로 음식을 먹지 아니함		
機	베틀 **기**	木	16
	에 機械(기계): 동력(動力)으로 움직여 일정한 일을 하게 만든 장치 機微(기미): 어떤 일이 일어날 기운		
之	어조사 **지**		
戒	경계할 **계**	戈	7
	에 戒嚴(계엄): 전쟁이나 비상사태 등이 발생하였을 때 군대로써 어떤 지역을 경계하는 일 警戒(경계): 사고나 범죄에 대비하여 미리 조심하여 지킴		

베를 끊으며 훈계함
▷ 학업을 중간에 그만두는 것은 짜던 베를 끊는 것처럼 아무 이익이 없음

前虎後狼
전 호 후 랑

한자	훈·음	부수	획수
前	앞 **전**	刂	9
	예 前提(전제): 무슨 일이 이루어지기 위하여 선행(先行)되는 조건 前奏(전주): 악곡(樂曲)의 도입 부분		
虎	범 **호**	虍	8
	예 虎口(호구): 범의 입, '매우 위험한 지경'의 비유 猛虎(맹호): 몹시 사나운 범		
後	뒤 **후**	彳	9
	예 後輩(후배): 나이·지위·경력 따위가 아래인 사람 後援(후원): 뒤에서 도와줌		
狼	이리 **랑**	犭	10
	예 狼藉(낭자): 여기저기 흩어져 어지러운 모양 豺狼(시랑): 승냥이와 이리		

앞으로는 호랑이가 막고 뒤로는 이리가 들어옴
▷ 재앙이 끊임없이 찾아옴

漸入佳境
점 입 가 경

한자	훈·음	부수	획수
漸	점점 **점**	氵	14
	예 漸增(점증): 점점 많아짐 漸進(점진): 순서대로 차차 나아감		
入	들 **입**	入	2
	예 入門(입문): ① 문하(門下)에 들어감, 제자가 됨 ② 어떤 학문을 배우려고 처음 들어감 入港(입항): 배가 항구에 들어옴		
佳	아름다울 **가**	亻	8
	예 佳景(가경): 아름다운 경치 佳作(가작): ① 잘된 작품 ② 당선작에 버금가는 작품		
境	지경 **경**	土	14
	예 境界(경계): ① 지역이 갈라지는 한계 ② 일정한 표준에 의하여 갈라지는 한계 國境(국경): 나라 사이의 경계		

점점 아름다운 경지로 들어감
▷ 갈수록 더욱 좋거나 재미있게 되어 감

衣錦夜行
의 금 야 행

한자	훈·음	부수	획수
衣	옷 **의**	衣	6
	예 衣服(의복): 옷 白衣(백의): ① 흰옷 ② 벼슬이 없는 선비		
錦	비단 **금**	金	16
	예 錦囊(금낭): ① 비단 주머니 ② 잘 지은 시(詩) 錦地(금지): '남이 사는 곳'의 높임말		
夜	밤 **야**	夕	8
	예 夜景(야경): 밤의 경치 夜勤(야근): 밤에 근무함		
行	갈 **행**	行	6
	예 行路(행로): ① 다니는 길 ② 살아 나가는 과정 步行(보행): 걸어가는 일, 걷기		

비단옷을 입고 밤에 다님
▷ 보람 없는 일을 함

言語道斷
언 어 도 단

한자	훈·음	부수	획수
言	말씀 **언**	言	7
	예 言論(언론): 말이나 글로 자기의 생각을 발표하는 일, 또는 그 말과 글 言行(언행): 말하는 것과 행하는 것		
語	말씀 **어**	言	14
	예 語感(어감): 말소리 또는 말투에 따라 말이 주는 느낌 語調(어조): 말투		
道	길 **도**	辶	13
	예 道理(도리): 사람이 마땅히 지켜야 할 바른길 步道(보도): 사람이 걸어다니는 길		
斷	끊을 **단**	斤	18
	예 斷念(단념): 품었던 생각을 끊음 斷續(단속): 끊겼다 이어졌다 함		

말을 하는 길이 끊김
▷ 어이가 없어 말도 나오지 않음

DAY 59

各自圖生 각자도생
苦肉之策 고육지책
首鼠兩端 수서양단
語不成說 어불성설
頂門一鍼 정문일침

各 自 圖 生
각 자 도 생

한자	훈·음	부수	획수
各	각각 **각**	口	6
	예 **各界**(각계): 직업이나 직무에 따라 갈라진 사회의 각 분야 **各別**(각별): 유달리 특별함		
自	스스로 **자**	自	6
	예 **自肅**(자숙): 스스로 삼감 **自重**(자중): ① 자기 몸을 소중하게 함 ② 몸가짐을 진중히 함		
圖	그림 **도**	口	14
	예 **圖書**(도서): 서적, 책 **圖表**(도표): 그림으로 나타낸 표		
生	날 **생**	生	5
	예 **出生**(출생): 태어남 **生存**(생존): 살아서 생명을 유지함		

스스로 살아갈 계획
▷ 각자 스스로 살 방법을 꾀함

苦肉之策
고 육 지 책

한자	훈·음	부수	획수
苦	괴로울 **고**	艹	9
	예 苦衷(고충): 괴로운 심정 苦心(고심): 애늘 씀		
肉	고기 **육**	肉	6
	예 肉聲(육성): 기계를 통하지 않고 직접 들리는 사람의 목소리 肉體(육체): 사람의 몸		
之	어조사 **지**		
策	꾀 **책**	竹	12
	예 策略(책략): 꾀와 방법 妙策(묘책): 교묘하고 절묘한 계책		

자기 몸을 상해 가면서까지 꾸며 내는 방책
▷ 어려운 상황에서 벗어나기 위해 어쩔 수 없이 꾸며 내는 계책

188

首鼠兩端
수 서 양 단

한자	훈·음	부수	획수
首	머리 **수**	首	9
	예 首肯(수긍): ① 머리를 끄덕임 ② 옳다고 인정함 首席(수석): 맨 윗자리, 일등		
鼠	쥐 **서**	鼠	13
	예 鼠盜(서도): 좀도둑 鼠蹊(서혜): 사타구니		
兩	두 **량**	入	8
	예 兩立(양립): ① 둘이 함께 맞섬 ② 두 가지 사실이 동시에 성립됨 兩親(양친): 부모		
端	끝 **단**	立	14
	예 端緒(단서): 일의 실마리 末端(말단): 맨 끝		

구멍에 머리를 내밀고 나갈까 말까 망설이는 쥐
▷ 머뭇거리며 진퇴나 거취를 정하지 못하는 상태

語不成說
어 불 성 설

한자	훈·음	부수	획수
語	말씀 **어**	言	14
	예 **語彙**(어휘): 한 언어에서 사용되는 단어의 전체 **語套**(어투): 말버릇		
不	아니 **부/불**		
成	이룰 **성**	戈	7
	예 **成功**(성공): 뜻을 이루거나, 부나 사회적 지위를 얻음 **成果**(성과): 일이 이루어진 결과		
說	말씀 **설**, 달랠 **세**, 기쁠 **열**	言	14
	예 **說敎**(설교): 종교의 교리를 설명함 **說明**(설명): 풀이하여 밝힘		

말이 이루어지지 못함
▷ 말이 조금도 사리에 맞지 않음

頂門一鍼
정 문 일 침

한자	훈·음	부수	획수
頂	정수리 **정**	頁	11
	예 **頂上**(정상): ① 산의 꼭대기 ② 그 이상 더 없는 것 **登頂**(등정): 산 따위의 정상에 오름		
門	문 **문**	門	8
	예 **門閥**(문벌): 대대로 이어 내려오는 그 집안의 지체 **同門**(동문): 한 스승에게서 같이 배운 제자, 또는 같은 학교의 출신자		
一	한 **일**	一	1
鍼	침 **침**	金	17
	예 **鍼術**(침술): 침을 놓아 병을 고치는 의술 **鍼灸**(침구): 침질과 뜸질		

정수리에 침을 놓음
▷ 따끔한 충고나 교훈

聞一知十 문일지십
燈火可親 등화가친
因果應報 인과응보
猫頭縣鈴 묘두현령
豪言壯談 호언장담

聞一知十
문 일 지 십

한자	훈·음	부수	획수
聞	들을 **문**	耳	14
	예 所聞(소문): 여러 사람의 입에 오르내리며 전해 오는 말 風聞(풍문): 세상에 떠도는 소문		
一	한 **일**	一	1
知	알 **지**	矢	8
	예 知己(지기): 자기를 알아주는 친구 知性(지성): 사물을 알고 생각하며 판단하는 능력		
十	열 **십**	十	2

하나를 듣고 열 가지를 미루어 앎
▷ 아주 총명함

燈火可親
등 화 가 친

한자	훈·음	부수	획수
燈	등잔 **등**	火	16
	예 燈盞(등잔): 등불을 켜는 그릇 電燈(전등): 전기로 켜는 등불		
火	불 **화**	火	4
	예 放火(방화): 불을 지름 鎭火(진화): 불을 끔		
可	옳을 **가**	口	5
	예 可望(가망): 될 만한 희망 許可(허가): 들어줌		
親	친할 **친**	見	16
	예 親舊(친구): 친하게 사귀는 벗 親分(친분): 친밀한 정분		

등불을 가까이할 만함
▷ 등불을 가까이하여 글 읽기에 좋은 계절, '가을'

因果應報
인 과 응 보

한자	훈·음	부수	획수
因	인할 **인**	口	6
	예 因果(인과): 원인과 결과 原因(원인): 일의 근본이 되는 까닭		
果	과실 **과**	木	8
	예 果樹(과수): 과실나무 效果(효과): 보람 있는 결과		
應	응할 **응**	心	17
	예 應諾(응낙): 부탁의 말을 들어줌 應援(응원): 호응하여 도움		
報	갚을 **보**	土	12
	예 報道(보도): 신문이나 통신 등의 뉴스 報答(보답): 남의 호의(好意)나 은혜 따위를 갚음		

원인과 결과는 서로 물리고 물림
▷ 과거나 전생의 행적에 따라 훗날 길흉화복의 갚음을 받게 됨

猫頭縣鈴
묘 두 현 령

한자	훈·음	부수	획수
猫	고양이 **묘**	犭	12
	예 猫睛(묘정): 고양이의 눈동자, '수시로 변함'은 이름		
頭	머리 **두**	頁	16
	예 頭髮(두발): 머리털 頭痛(두통): 머리가 아픈 증세		
縣	매달 **현**	心	20
	예 懸賞(현상): 어떤 목적(目的)을 위하여 상을 겚 懸板(현판): 글이나 그림을 새겨 문 위에 다는 널조각		
縣	방울 **령**	金	13
	예 搖鈴(요령): 손에 쥐고 흔들어 소리 내는 방울 모양의 작은 종		

쥐가 고양이 목에 방울을 닮
▷ 실행할 수 없는 헛된 논의

豪言壯談
호 언 장 담

한자	훈·음	부수	획수
豪	호걸 **호**	豕	14
	예 豪放(호방): 의기가 장하여 작은 일에 거리낌이 없음 文豪(문호): 매우 뛰어난 작가		
言	말씀 **언**	言	7
	예 格言(격언): 인생의 교훈이나 경계가 되는 글 言爭(언쟁): 말다툼		
壯	씩씩할 **장**	士	7
	예 壯觀(장관): 굉장하여 볼 만한 광경 健壯(건장): 몸이 크고 굳셈		
談	말씀 **담**	言	15
	예 談笑(담소): 웃으면서 이야기함 美談(미담): 갸륵한 행동에 대한 이야기		

자신 있게 말함
▷ 자신 있고 호기롭게 말함

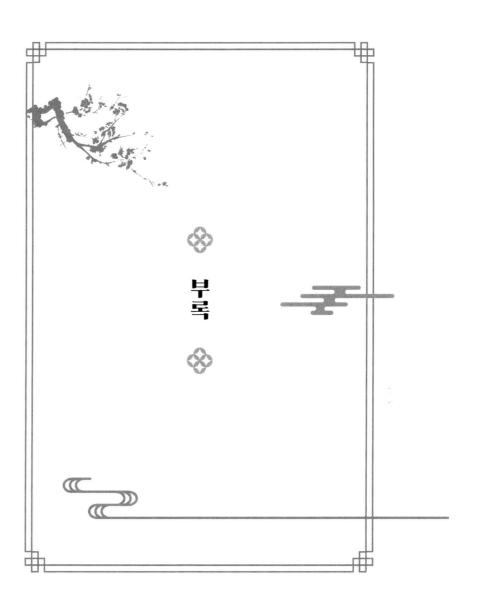

부록

색인

ㄴ

ㄷ

ㅈ